幼儿教育“岗课赛证融通”微课版系列教材

Policies, Laws and Regulations, and Work Ethics of Childcare and Education

保教政策法规与职业道德

主　编　胡玉萍　徐江莉　张鲁明

副主编　李河江　梁丽咏

参　编　黄　茜　李端玉

ZHEJIANG UNIVERSITY PRESS

浙江大学出版社

·杭州·

图书在版编目（CIP）数据

保教政策法规与职业道德 / 胡玉萍，徐江莉，张鲁明主编. -- 杭州 : 浙江大学出版社，2023.12
ISBN 978-7-308-24182-3

Ⅰ. ①保… Ⅱ. ①胡… ②徐… ③张… Ⅲ. ①学前教育－教育政策－中国②学前教育－教育法－中国③幼教人员－师德 Ⅳ. ①G619.20②D922.16③G615

中国国家版本馆CIP数据核字(2023)第170097号

保教政策法规与职业道德

BAOJIAO ZHENGCE FAGUI YU ZHIYE DAODE

胡玉萍　徐江莉　张鲁明　主编

策划编辑　李　晨
责任编辑　陈丽勋　高士吟
责任校对　诸寅啸
责任印制　范洪法
封面设计　春天书装
出版发行　浙江大学出版社
（杭州市天目山路148号　邮政编码　310007）
（网址：http：//www.zjupress.com）
排　　版　杭州林智广告有限公司
印　　刷　杭州钱江彩色印务有限公司
开　　本　787mm×1092mm　1/16
印　　张　11.25
字　　数　195千
版 印 次　2023年12月第1版　2023年12月第1次印刷
书　　号　ISBN 978-7-308-24182-3
定　　价　39.80元

浙江大学出版社市场运营中心联系方式：0571－88925591；http：//zjdxcbs.tmall.com

前言

PREFACE

党的二十大报告明确指出："全面依法治国是国家治理的一场深刻革命，关系党执政兴国，关系人民幸福安康，关系党和国家长治久安。必须更好发挥法治固根本、稳预期、利长远的保障作用，在法治轨道上全面建设社会主义现代化国家。"[①]《保教政策法规与职业道德》正是以依法治国为指引编写而成的，旨在帮助学生成为知法、懂法、守法、用法的新时代法治社会的践行者。

受价值多元、市场主义、权力主义、庸俗文化等思想的负面影响，保教人员中出现了各种各样的师德问题，影响到幼儿教育事业发展的道德基础。伴随国务院《关于当前发展学前教育的若干意见》和《国家中长期教育改革和发展规划纲要（2010—2020 年）》的贯彻落实，幼儿保教工作面临规范化、标准化、专业化和前沿化发展的机遇与挑战。因此，及时把握国家对保教工作的新要求，全面提高保教人员的职业道德迫在眉睫。

《保教政策法规与职业道德》旨在提高学生的法律意识、职业意识和职业素质，教育引导学生了解国家关于学前教育的政策及法律法规，提高学生对保教职业的认识；明确成为合格的保教人员应具备的职业道德修养和专业修养，为今后的职业素养发展打下良好的基础。

本书在参考、借鉴部分同类书的基础上，形成了自己的编写特色。

1. 课程思政

为落实"立德树人"教育理念，书中设置了"素质目标"，

---

① 习近平．高举中国特色社会主义伟大旗帜 为全面建设社会主义现代化国家而团结奋斗——在中国共产党第二十次全国代表大会上的报告 [R]. 北京：人民出版社，2022：40.

帮助学生在学习知识的过程中形成正确的世界观、人生观和价值观。“贯彻精神”栏目可以帮助学生更好地学习、理解及践行党的二十大精神。

2. 系统知识

全书共分为上下两篇。上篇“保教政策法规”系统介绍了与保教工作相关的政策法规基础知识和基本理论，反映了保教政策法规理论研究的新进展和新成就。下篇“保教职业道德”对保教人员职业道德进行了系统的阐述。

3. 案例丰富

“案例导入”和“案例分享”栏目添加了丰富的案例，涵盖保教工作中可能出现的各种情况，将理论知识与实践问题相结合，帮助学生更加立体、直观地掌握知识。

4. 学练结合

本书强调学练结合，在相关知识点处设置“练一练”和“知识检测”栏目，这些练习不仅能够帮助学生及时巩固所学内容，还能帮助学生发现学习中的不足，查漏补缺，达到事半功倍的效果。

5. 注重实践

每章最后都紧扣主题设计了步骤详细的实践活动，包含学生感兴趣的角色扮演、辩论、情景模拟、活动组织等多种形式，既便于组织实施，又可发挥学生的主观能动性。

6. 配套资源

本书大力开发数字化教学资源，不仅使得教材更具趣味性、可读性、直观性，并且大大丰富了教师的教学手段，也能提高学生的学习效率。

本书在编写过程中，参考、借鉴了诸多专家、学者的优秀成果，在此表示由衷的感谢。

由于编者时间和水平所限，书中难免有各种不足之处，敬请广大读者批评指正，以便我们日后修订完善，不胜感激！

编　者

2023 年 10 月

CONTENTS 目录

上篇

保教政策法规

第一章
保教机构的开办与管理

学习起航

改革开放以来，我国学前教育事业迅速发展。为了加强对保教机构的管理，促进学前教育事业的健康发展，我国颁发了《幼儿园管理条例》《幼儿园工作规程》《托育机构设置标准（试行）》《托育机构管理规范（试行）》，对保教机构开办和管理中的诸多问题，如开办的基本条件、审批程序、保教工作、奖惩制度、招生编班、卫生保健工作等，进行了规定。本章我们就来了解与保教机构的开办与管理相关的政策法规。

学习目标

素质目标：

1. 了解保教机构的开办与管理的相关规定，自觉遵守法律法规。

2. 通过对保教机构的开办的了解，明白“工欲善其事，必先利其器”的道理，学会未雨绸缪，提前做好各种必需的准备。

知识目标：

1. 了解《幼儿园管理条例》《幼儿园工作规程》《托育机构设置标准（试行）》《托育机构管理规范（试行）》的颁布背景和意义。

2. 理解《幼儿园管理条例》《幼儿园工作规程》《托育机构设置标准（试行）》《托育机构管理规范（试行）》对保教机构的开办与管理等方面的具体规定。

能力目标：

能够运用《幼儿园管理条例》《幼儿园工作规程》《托育机构设置标准（试行）》《托育机构管理规范（试行）》对相关案例进行分析，并付诸保教工作。

第一节 《幼儿园管理条例》

案例导入

某县中心小学附设幼儿园，因幼儿园厕所年久失修，改用中心小学厕所。该园幼儿家长向县教育局反映，要求修复幼儿园厕所，县教育局接到家长反映后通知幼儿园，要求尽快修复幼儿园厕所，但该幼儿园以种种理由迟迟不予以执行。为了保证幼儿的安全与健康，县教育局果断地作出了“限期整顿、停止招生、停止办园”的行政处罚规定。

问题：该县教育局的做法正确吗？

知识准备

一、《幼儿园管理条例》的颁布背景与意义

改革开放以后，我国的学前教育事业在恢复中迅速发展，幼儿园的类型和数量均有较大提升。但是，学前教育机构形式的多样化、幼儿园数量和入园儿童数量的迅速增长，在促进我国学前教育事业发展的同时，也带来了一系列的问题，迫切需要出台相关文件来规范幼儿园的管理。

为了加强幼儿园的管理，促进学前教育事业的发展，国家教委于 1989 年 9 月 11 日发布了《幼儿园管理条例》（以下简称《条例》），并规定于 1990 年 2 月 1 日起施行。《条例》是遵循我国宪法和教育基本法的精神，根据党的教育方针制度，对全国幼儿园进行宏观管理和指导的行政法规。尽管《条例》制定的时间较早，但其对于现阶段我国学前教育的发展仍具有指导意义。

《条例》全文

二、《幼儿园管理条例》的文本理解

（一）总则

“总则”部分共六条，分别对《条例》的制定目的、适用对象、幼儿园的任务、办园原则、管理体制及学前教育事业发展方针进行了说明。

（二）举办幼儿园的基本条件和审批程序

1.举办幼儿园的基本条件

（1）举办幼儿园必须将幼儿园设置在安全区域内。严禁在污染区和危险区内设置幼儿园。

（2）举办幼儿园必须具有与保育、教育的要求相适应的园舍和设施。幼儿园的园舍和设施必须符合国家的卫生标准和安全标准。

（3）举办幼儿园应当具有符合下列条件的保育、幼儿教育、医务和其他工作人员：

①幼儿园园长、教师应当具有幼儿师范学校（包括职业学校幼儿教育专业）毕业程度，或者经教育行政部门考核合格。

②医师应当具有医学院校毕业程度，医士和护士应当具有中等卫生学校毕业程度，或者取得卫生行政部门的资格认可。

③保健员应当具有高中毕业程度，并受过幼儿保健培训。

④保育员应当具有初中毕业程度，并受过幼儿保育职业培训。慢性传染病、精神病患者，不得在幼儿园工作。

（4）举办幼儿园的单位或者个人必须具有进行保育、教育以及维修或扩建、改建幼儿园的园舍与设施的经费来源。

2.举办幼儿园的审批程序

（1）国家实行幼儿园登记注册制度，未经登记注册，任何单位和个人不得举办幼儿园。

（2）城市幼儿园的举办、停办，由所在区、不设区的市的人民政府教育行政部门登记注册。农村幼儿园的举办、停办，由所在乡、镇人民政府登记注册，并报县人民政府教育行政部门备案。

（三）幼儿园的保育和教育工作

（1）幼儿园应当贯彻保育与教育相结合的原则，创设与幼儿的教育和发展相适应的和谐环境，引导幼儿个性的健康发展。

（2）幼儿园应当保障幼儿的身体健康，培养幼儿的良好生活、卫生习惯；促进幼儿的智力发展。

（3）培养幼儿热爱祖国的情感以及良好的品德行为。

（四）幼儿园的行政事务

（1）各级教育行政部门应当负责监督、评估和指导幼儿园的保育、教育工作，组织培训幼儿园的师资，审定、考核幼儿园教师的资格，并协助卫生行政部门检查和指导幼儿园的卫生保健工作，会同建设行政部门制定幼儿园园舍、设施的标准。

（2）幼儿园园长负责幼儿园的工作。幼儿园园长由举办幼儿园的单位或个人聘任，并向幼儿园的登记注册机关备案。幼儿园的教师、医师、保健员、保育员和其他工作人员，由幼儿园园长聘任，也可由举办幼儿园的单位或个人聘任。

（3）幼儿园可以依据本省、自治区、直辖市人民政府制定的收费标准，向幼儿家长收取保育费、教育费。

（4）任何单位和个人，不得侵占和破坏幼儿园园舍和设施，不得在幼儿园周围设置有危险、有污染或影响幼儿园采光的建筑和设施，不得干扰幼儿园正常的工作秩序。

（五）奖励与处罚

1.奖励

凡具备下列条件之一的单位或者个人，由教育行政部门和有关部门予以奖励：①改善幼儿园的办园条件成绩显著的；②保育、教育工作成绩显著的；③幼儿园管理工作成绩显著的。

2.处罚

（1）违反《条例》，具有下列情形之一的幼儿园，由教育行政部门视情节轻重，给予限期整顿、停止招生、停止办园的行政处罚：①未经登记注册，擅自招收幼儿的；②园舍、设施不符合国家卫生标准、安全标准，妨害幼儿身体健康或者威胁幼儿生命安全的；③教育内容和方法违背幼儿教育规律，损害幼儿身心健康的。

（2）违反《条例》，具有下列情形之一的单位或者个人，由教育行政部门对直接责任人员给予警告、罚款的行政处罚，或者由教育行政部门建议有关部门对责任人员给予行政处分：①体罚或变相体罚幼儿的；②使用有毒、有害物质制作教具、玩具的；③克扣、挪用幼儿园经费的；④侵占、破坏幼儿园园舍设备的；⑤干扰幼儿园正常工作秩序的；⑥在幼儿园周围设置有危险、有污染或者影响幼儿园采光的建筑和设施的。前款所列情形，情节严重，构成犯罪的，由司法机关依法追究刑事责任。

案例分享

分类整治无证幼儿园

为进一步加强幼儿园的科学管理，××区教育局抽调专业人员组成检查小组，对全区无证幼儿园进行了拉网式排查。此次行动对排查出的13所无证幼儿园进行分类整治。

1.规范整改一批

对基本符合办学条件，待举办者“申请办园材料”提交完整，由教育局验收合格后核发幼儿园办园许可证。

2.过渡取缔一批

对不符合教育规划要求、不符合消防安全要求，达不到办园标准，办学条件较差、存在安全隐患的幼儿园，按照有关要求予以停办，依法取缔。停办过程中辖区内幼儿暂时无法安置的，实行限期过渡。过渡期内，举办者必须签订安全和限期停办承诺书，所在中心校要落实安全措施，确保幼儿安全。

由于监管不到位，我国无证办园的问题曾较为突出，针对这个问题，国务院2010年11月印发的《关于当前发展学前教育的若干意见》提出了补办许可证或取缔幼儿园的解决措施；各地要对目前存在的无证办园情况进行全面排查，加强指导，督促整改。整改期间，要保证幼儿正常接受学前教育。全面排查无证办园现象，促使其整改以达到办园的相应标准。整改后达到要求的，可以补办相关手续，颁发办园许可证。整改后仍未达到保障幼儿安全、健康等基本要求的，当地政府要依法予以取缔，妥善分流和安置幼儿。

以上案例中，区教育局采取“分类治理”的原则，运用补办许可证和取缔幼儿园的方式对无证办园现象进行处理和改善，符合相关法律规定，是可行性较强的一大举措。

贯彻精神

党的二十大报告指出，要“扎实推进依法行政。法治政府建设是全面依法治国的重点任务和主体工程。转变政府职能，优化政府职责体系和组织结构，推进机构、职能、权限、程序、责任法定化，提高行政效率和公信力。深化事业单位改革。深化行政执法体制改革，全面推进严格规范公正文明执法，加大关系群众切身利益的重点领域执法力度，完善行政执法程序，健全行政裁量基准。强化行政执法监督机制和能力建设，严格落实行政执法责任制和责任追究制度。完善基层综合执法体制机制”①。

① 习近平．高举中国特色社会主义伟大旗帜 为全面建设社会主义现代化国家而团结奋斗——在中国共产党第二十次全国代表大会上的报告 [R]. 北京：人民出版社，2022：41.

第二节 《幼儿园工作规程》

案例导入

某医院附属幼儿园孩子的家长大多数是医院的医护人员。虽然该幼儿园不是寄宿制幼儿园，却是24小时开放的，因为经常有家长有紧急任务而把孩子寄放在幼儿园；还有一些年轻的家长，放学后不来接孩子，而是打个电话告诉老师今天不能来接孩子，请求代为照顾。时间一长，老师们开始有了抱怨，有的老师因为晚上要照顾这些幼儿，没有休息好，也没有时间准备第二天的活动，严重影响了白天正常保教工作的开展。

问题：幼儿园是不是一定要根据家长的需要提供服务呢？

知识准备

一、《幼儿园工作规程》的颁布背景与意义

20 世纪 80 年代以来，随着科学技术的发展和人类文明的进步，全球的学前教育均有了较大的发展。一方面，人们对儿童的认识不断提高；另一方面，人们对学前教育的理解逐渐加深。创造高质量的学前教育，促进儿童身心全面和谐地发展，是 20 世纪 80 年代以来世界各国学前教育改革的共同目标。在上述背景之下，我国的学前教育事业也不断发展，社会力量办园数量显著增长。为了加强幼儿园的科学管理，提高保育和教育质量，依据《中华人民共和国教育法》，国家教委在 1989 年《幼儿园工作规程（试行）》的基础上发布了《幼儿园工作规程》。

随着社会经济的发展，学前教育改革发展的大环境发生了巨大变化，各种政策、法规相继制定、颁布和修订，特别是《国家中长期教育改革和发展规划纲要（2010—2020 年）》颁布后，学前教育事业规模不断扩大，普及程度大幅提高，旧的《幼儿园工作规程》不能适用于新的时代，无法适应学前教育的发展速度，也不能满足学前教育规范化管理的需求。为了加强幼儿园的科学管理，规范办园行为，提高保育和教育质量，促进幼儿身

心健康，2016年1月5日，教育部公布新的《幼儿园工作规程》（简称《规程》），自2016年3月1日起施行。《规程》的颁布、修订及实施，推动了幼儿园的全面改革，提高了管理水平和保教质量，使幼儿园工作逐步走上依法治教的轨道。广大学前教育工作者须全面深入地了解和掌握《规程》的相关内容，并以此来指导幼教改革实践。

二、《幼儿园工作规程》的文本理解

（一）总则

幼儿园是对3岁以上学龄前幼儿实施保育和教育的机构。幼儿园教育是基础教育的重要组成部分，是学校教育制度的基础阶段。幼儿园适龄幼儿一般为3～6岁。幼儿园一般为三年制。

《规程》全文

总则中对幼儿园的任务和保教的主要目标作出了规定，还强调幼儿园教职工应当尊重、爱护幼儿，严禁虐待、歧视、体罚和变相体罚、侮辱幼儿人格等损害幼儿身心健康的行为。

（二）幼儿入园和编班

《规程》第二章规定了幼儿园入园与编班的相关事项。幼儿园每年秋季招生。平时如有缺额，可随时补招。幼儿入园前，应当按照卫生部门制定的卫生保健制度进行健康检查，合格者方可入园。幼儿入园除进行健康检查外，禁止任何形式的考试或测查。

幼儿园规模应当有利于幼儿身心健康，便于管理，一般不超过360人。幼儿园每班幼儿人数一般为：小班（3～4岁）25人，中班（4～5岁）30人，大班（5～6岁）35人，混合班30人。寄宿制幼儿园每班幼儿人数酌减。幼儿园可以按年龄分别编班，也可以混合编班。

练一练

《幼儿园工作规程》规定，新生入园时，幼儿园要进行（　　）。

A. 幼儿知识与能力测评　　B. 幼儿智力测查

C. 幼儿家长测评　　D. 幼儿健康检查

解析：正确答案为D。《规程》第十九条规定：幼儿园应当建立幼儿健康检查制度和幼儿健康卡或档案。每年体检一次，每半年测身高、视力一次，每季度量体重一次；注意幼儿口腔卫生，保护幼儿视力。

（三）幼儿园的安全

幼儿园应当严格执行国家和地方幼儿园安全管理的相关规定，建立健全门卫、房屋、设备、消防、交通、食品、药物、幼儿接送交接、活动组织和幼儿就寝值守等安全防护和检查制度，建立安全责任制和应急预案。

幼儿园教职工必须具有安全意识，掌握基本急救常识和防范、避险、逃生、自救的基本方法，在紧急情况下应当优先保护幼儿的人身安全。幼儿园应当把安全教育融入一日生活，并定期组织开展多种形式的安全教育和事故预防演练。

幼儿园应当结合幼儿年龄特点和接受能力开展反家庭暴力教育，发现幼儿遭受或者疑似遭受家庭暴力的，应当依法及时向公安机关报案。

（四）幼儿园的卫生保健

幼儿园必须切实做好幼儿生理和心理卫生保健工作。幼儿园应当严格执行《托儿所幼儿园卫生保健管理办法》以及其他有关卫生保健的法规、规章和制度。幼儿园应当制定合理的幼儿一日生活作息制度。幼儿园应当建立幼儿健康检查制度和幼儿健康卡或档案。幼儿园应当建立卫生消毒、晨检、午检制度和病儿隔离制度，配合卫生部门做好计划免疫工作。幼儿园应编制营养平衡的幼儿食谱，定期计算和分析幼儿的进食量和营养素摄取量，保证幼儿合理膳食。幼儿园应当配备必要的设备设施，及时为幼儿提供安全卫生的饮用水。幼儿园应当积极开展适合幼儿的体育活动，充分利用日光、空气、水等自然因素以及本地自然环境，有计划地锻炼幼儿肌体，增强身体的适应和抵抗能力。

（五）幼儿园的教育

幼儿园教育应当贯彻以下原则和要求。

（1）德、智、体、美等方面的教育应当互相渗透，有机结合。

（2）遵循幼儿身心发展规律，符合幼儿年龄特点，注重个体差异，因人施教，引导幼儿个性健康发展。

（3）面向全体幼儿，热爱幼儿，坚持积极鼓励、启发引导的正面教育。

（4）综合组织健康、语言、社会、科学、艺术各领域的教育内容，渗透于幼儿一日生活的各项活动中，充分发挥各种教育手段的交互作用。

（5）以游戏为基本活动，寓教育于各项活动之中。

（6）创设与教育相适应的良好环境，为幼儿提供活动和表现能力的机会与条件。

练一练

某幼儿园将识字作为基本活动，该园的做法（　　）。

A. 正确，有利于增长幼儿知识

B. 正确，有利于提升教学质量

C. 不正确，幼儿园不能组织教学活动

D. 不正确，幼儿园以游戏为基本活动

解析：正确答案为D。《规程》第二十九条规定幼儿园应当将游戏作为对幼儿进行全面发展教育的重要形式。

（六）幼儿园的园舍、设备

幼儿园应当按照国家的相关规定设活动室、寝室、卫生间、保健室、综合活动室、厨房和办公用房等；并达到相应的建设标准。幼儿园应当有与其规模相适应的户外活动场地，配备必要的游戏和体育活动设施，创造条件开辟沙地、水池、种植园地等，并根据幼儿活动的需要绿化、美化园地。幼儿园应当配备适合幼儿特点的桌椅、玩具架、盥洗卫生用具，以及必要的玩教具、图书和乐器等。

（七）幼儿园的教职工

幼儿园按照国家相关规定设园长、副园长、教师、保育员、卫生保健人员、炊事员和其他工作人员等岗位，配足配齐教职工。幼儿园教职工应当贯彻国家教育方针，具有良好品德，热爱教育事业，尊重和爱护幼儿，具有专业知识和技能以及相应的文化和专业素养，为人师表，忠于职责，身心健康。

幼儿园园长由举办者任命或者聘任，并报当地主管的教育行政部门备案；幼儿园园长负责幼儿园的全面工作。幼儿园教师实行聘任制；幼儿园教师对本班工作全面负责。幼儿园保育员应当具备高中毕业以上学历，受过幼儿保育职业培训。幼儿园卫生保健人员应当具有高中毕业以上学历，并经过当地妇幼保健机构组织的卫生保健专业知识培训并取得专业资格证书。

（八）幼儿园的经费

幼儿园的经费由举办者依法筹措，保障有必备的办园资金和稳定的经费来源。按照国家和地方相关规定接受财政扶持的提供普惠性服务的国有企事业单位办园、集体办园和民办园等幼儿园，应当接受财务、审计等有关部门的监督检查。幼儿园收费按照国家和地方的有关规定执行。幼儿园应当依法建立资产配置、使用、处置、产权登记、信息管理等管理制度，严格执行有关财务制度。

（九）幼儿园、家庭和社区

幼儿园应当主动与幼儿家庭沟通合作，为家长提供科学育儿宣传指导，帮助家长创设良好的家庭教育环境，共同担负教育幼儿的任务。幼儿园应当加强与社区的联系与合作，面向社区宣传科学育儿知识，开展灵活多样的公益性早期教育服务，争取社区对幼儿园的多方面支持。

（十）幼儿园的管理

幼儿园应当建立园务委员会。园务委员会由园长、副园长、党组织负责人和保教、卫生保健、财会等方面工作人员的代表以及幼儿家长代表组成。园长任园务委员会主任。幼儿园应当加强党组织建设，充分发挥党组织政治核心作用、战斗堡垒作用。幼儿园应当建立教职工大会制度或者教职工代表大会制度，依法加强民主管理和监督。幼儿园教师依法享受寒暑假期的带薪休假；幼儿园应当创造条件，在寒暑假期间，安排工作人员轮流休假。

第三节 《托育机构设置标准（试行）》

案例导入

为进一步推动托育机构规范发展，提高托育机构的服务能力，保障婴幼儿的健康成长，2023 年 3 月，××市××区卫生健康综合行政执法支队组织辖区各托育机构负责人和卫生保健人员开展托育机构培训会。主要对托育机构法律法规、托育机构设置规范及管理规范、备案管理、监督检查要点等工作进行了系统培训，并对《托儿所幼儿园卫生保健管理办法》《托育机构设置标准（试行）》《托育机构管理规范》进行了详细解读，有效提升了托育机构管理水平和服务能力。

会议要求各机构提高认识，切实增强做好托育机构卫生保健工作的责任感、使命感，强化内部管理，加强业务培训，始终严格执行各项规定，预防控制传染病，为学龄前儿童的健康发展保驾护航。

会议指出，各托育机构在会后要对照培训内容查漏补缺、立整立改，××区卫生健康综合行政执法支队将不定期开展督导检查，规范行业发展，切实保障婴幼儿健康安全，全力推进全区托育服务体系健康发展，让群众获得更加安全、优质、稳妥的托育服务，将“暖民心”行动真正落到实处。

问题：托育机构该如何规范发展？

知识准备

一、《托育机构设置标准（试行）》的颁布背景与意义

《托育机构设置标准（试行）》概述

发展 3 岁以下婴幼儿照护服务，是保障和改善民生的重要内容，事关婴幼儿健康成长，事关千家万户。党中央、国务院高度重视 3 岁以下婴幼儿托育服务发展，2019 年 4 月，国务院办公厅印发了《关于促进 3 岁以下婴幼儿照护服务发展的指导意见》。为建立专业化、规范化的托育机构，2019 年 10 月，国家卫生健康委制定了《托育机构设置标准（试行）》。

二、《托育机构设置标准（试行）》的文本理解

（一）总则

该标准适用于经有关部门登记、卫生健康部门备案，为3岁以下婴幼儿提供全日托、半日托、计时托、临时托等托育服务的机构。

《托育机构设置标准（试行）》全文

（二）设置要求

（1）综合考虑城乡区域发展特点。

（2）新建居住区应当规划建设与常住人口规模相适应的托育机构。老城区和已建成居住区应当采取多种方式建设完善托育机构，满足居民需求。

（3）城镇托育机构建设要充分考虑进城务工人员随迁婴幼儿的照护服务需求。

（4）在农村社区综合服务设施建设中，应当统筹考虑托育机构建设。

（5）支持用人单位以单独或联合其他单位共同举办的方式，在工作场所为职工提供福利性托育服务，有条件的可向附近居民开放。

（6）鼓励通过市场化方式，采取公办民营、民办公助等多种形式，在就业人群密集的产业聚集区域和用人单位建设完善托育机构。

（7）发挥城乡社区公共服务设施的婴幼儿照护服务功能，加强社区托育机构与社区服务中心（站）及社区卫生、文化、体育等设施的功能衔接。

（三）场地设施

（1）应当有自有场地或租赁期不少于3年的场地。

（2）场地应当选择自然条件良好、交通便利、符合卫生和环保要求的建设用地，远离对婴幼儿成长有危害的建筑、设施及污染源，满足抗震、防火、疏散等要求。

（3）建筑应当符合有关工程建设国家标准、行业标准，设置符合标准要求的生活用房，根据需要设置服务管理用房和供应用房。

（4）房屋装修、设施设备、装饰材料等，应当符合国家相关安全质量标准和环保标准，并定期进行检查维护。

（5）应当配备符合婴幼儿月龄特点的家具、用具、玩具、图书和游戏

材料等，并符合国家相关安全质量标准和环保标准。

（6）应当设有室外活动场地，配备适宜的游戏设施，且有相应的安全防护设施。在保障安全的前提下，可利用附近的公共场地和设施。

（7）应当设置符合标准要求的安全防护设施设备。

（四）人员规模

1. 人员配备

机构负责人负责全面工作，应当具有大专以上学历、有从事儿童保育教育、卫生健康等相关管理工作 3 年以上的经历，且经托育机构负责人岗位培训合格。

保育人员主要负责婴幼儿日常生活照料，安排游戏活动，促进婴幼儿身心健康，养成良好行为习惯。保育人员应当具有婴幼儿照护经验或相关专业背景，受过婴幼儿保育相关培训和心理健康知识培训。

按照有关规定配备保健人员、炊事人员、保安人员等。

2. 编班要求

一般设置乳儿班（6 ～ 12 个月，10 人以下）、托小班（12 ～ 24 个月，15 人以下）、托大班（24 ～ 36 个月，20 人以下）三种班型。18 个月以上的婴幼儿可混合编班，每个班不超过 18 人。每个班的生活单元应当独立使用。

3. 保育人员与婴幼儿配比

保育人员与婴幼儿的比例应当不低于以下标准：乳儿班 1 ∶ 3，托小班 1 ∶ 5，托大班 1 ∶ 7。

第四节 《托育机构管理规范（试行）》

案例导入

很多托育机构都有防夹手的异形门，某托育机构用棉垫填充防夹手的空隙，这样做一是为了创造和家庭接近的环境，因为有小朋友的家庭一般不会使用有空隙的异形门；二是填充后，小朋友被夹到时虽然会有一点痛感，但不会受伤；三是可以起到隔音效果。

某托育机构的墙上，贴了二三十张站位图，按照托小班、托大班不同的活动环节，展示了老师们在进餐、上下楼梯、午睡等场景的站位。这些生动的示意图，既方便老师们理解，也有助于使家长建立起对机构的信任度。

某托育机构按照不同月龄儿童对辅食的接受程度，专门拍摄了展示辅食颗粒度的视频，既讲清楚了照护的细致程度，又给予了家长最直观的呈现。

某托育机构强调儿童友好的1米以下的世界，在离地80～90厘米的位置，摆放精选的世界名画，让孩子们在他们的视野范围里，看到最大的世界。

问题：上面的托育机构是如何从细节中体现出管理规范的？

知识准备

一、《托育机构管理规范（试行）》的颁布背景与意义

随着社会不断发展，托育机构和托育事业慢慢走进人们的视野，人们对其的接受度也在慢慢增加。专业化、规范化建设托育机构，是社会不断进步的要求，国家也对这一方面作了管理规范要求，以最大限度地保护婴幼儿，确保婴幼儿的安全和健康。

《托育机构管理规范（试行）》概述

二、《托育机构管理规范（试行）》的文本理解

（一）总则

该规范适用于经有关部门登记、卫生健康部门备案，为3岁以下婴幼儿提供全日托、半日托、计时托、临时托等托育服务的机构。

《托育机构管理规范（试行）》全文

（二）备案管理

（1）托育机构登记后，应当向机构所在地的县级以上卫生健康部门备案，提交评价为“合格”的《托幼机构卫生评价报告》、消防安全检查合格证明、场地证明、工作人员资格证明等材料，填写备案书和承诺书。提供餐饮服务的，应当提交“食品经营许可证”。

（2）卫生健康部门应当对申请备案的托育机构提供备案回执和托育机构基本条件告知书。

（3）托育机构变更备案事项的，应当向原备案部门办理变更备案。

（4）托育机构终止服务的，应当妥善安置收托的婴幼儿和工作人员，并办理备案注销手续。

（5）卫生健康部门应当将托育服务有关政策规定、托育机构备案要求、托育机构有关信息在官方网站公开，接受社会查询和监督。

（三）收托管理

（1）婴幼儿父母或监护人（以下统称婴幼儿监护人）应当主动向托育机构提出入托申请，并提交真实的婴幼儿及其监护人的身份证明材料。

（2）托育机构应当与婴幼儿监护人签订托育服务协议。

（3）婴幼儿进入托育机构前完成适龄的预防接种，健康检查合格方可入托；离开机构3个月以上的，返回时应当重新进行健康检查。

（4）托育机构应当建立收托婴幼儿信息管理制度，定期向备案部门报送。

（5）托育机构应当建立与家长联系制度和家长开放日制度。

（6）托育机构应当加强与社区的联系与合作，促进婴幼儿早期发展。

（7）托育机构应当建立信息公示制度。

（四）保育管理

（1）托育机构应当科学合理安排婴幼儿的生活。

（2）托育机构应当顺应喂养，科学制定食谱。

（3）托育机构应当保证婴幼儿每日户外活动时间。

（4）托育机构应当以游戏为主要活动形式，促进婴幼儿全面发展。

（5）托育机构应当建立婴幼儿照护服务日常记录和反馈制度。

（五）健康管理

（1）托育机构应当做好室内外环境卫生。

（2）托育机构应当坚持晨午检和全日健康观察。

（3）托育机构发现婴幼儿遭受或疑似遭受家庭暴力的，应当依法及时向公安机关报案。

（4）婴幼儿患病期间应当在医院接受治疗或在家护理。

（5）托育机构应当建立卫生消毒和病儿隔离制度、传染病预防和管理制度。

（6）托育机构工作人员每年参加一次机构组织的健康检查。有传染性疾病的，应当立即离岗治疗；治愈后，须持病历和健康合格证明返岗。

（六）安全管理

（1）托育机构应当建立健全安全防护措施和检查制度。

（2）托育机构应当建立完善的婴幼儿接送制度。

（3）托育机构应当配备必要的安保人员和物防、技防设施。

（4）托育机构应当制订突发事件的应急预案。

（5）托育机构应当开展安全教育和培训，定期演练。

（6）托育机构应当加强消防设施维护管理，确保用火、用电、用气安全。

（7）托育机构应当建立照护服务、安全保卫等监控体系。

（七）人员管理

（1）托育机构工作人员应当具有完全民事行为能力和良好的职业道德，热爱婴幼儿，身心健康，无虐待儿童记录，无犯罪记录，并符合国家和地方相关规定要求的资格条件。

（2）托育机构应当建立工作人员岗前培训和定期培训制度，通过集中培训、在线学习等方式，不断提高工作人员的专业能力、职业道德和心理健康水平。

（3）托育机构应当加强工作人员法治教育，增强法治意识。对虐童等行为实行零容忍，一经发现，严格按照有关法律法规和规定，追究有关负责人和责任人的责任。

（4）托育机构应当依法与工作人员签订劳动合同，保障工作人员的合法权益。

（八）监督管理

（1）托育机构应当加强党组织建设，积极支持工会、共青团、妇联等组织开展活动。

（2）托育机构应当建立工会组织或职工代表大会制度，依法加强民主管理和监督。

（3）托育机构应当制订年度工作计划，每年年底向卫生健康部门报告工作，必要时随时报告。

（4）各级妇幼保健、疾病预防控制、卫生监督等机构应当按照职责加强对托育机构卫生保健工作的业务指导、咨询服务和监督执法。

（5）建立托育机构信息公示制度和质量评估制度，实施动态管理，加强社会监督。

写在大山里的教育诗

知识检测

一、单选题

1.幼儿园应当以（　　）为基本活动形式。

A.上课　　B.游戏　　C.体能训练　　D.手工

2.幼儿园应该贯彻（　　）相结合的原则。

A.保育和教育　　B.安全和健康　　C.学习和生活　　D.家长和教师

3.中班幼儿是指年龄为（　　）岁的幼儿。

A. 2 ～ 3　　B. 3 ～ 4　　C. 4 ～ 5　　D. 5 ～ 6

4.在《幼儿园工作规程》所提出的训练目标中，培育幼儿“活泼开朗的性格”属于（　　）目标的范畴。

A.智育　　B.体育　　C.德育　　D.美育

5.托育机构的设置必须符合（　　）。

A.《幼儿园管理条例》　　B.《幼儿园工作规程》

C.《托育机构管理规范（试行）》　　D.《托育机构设置标准（试行）》

二、材料分析题

某幼儿园的陈老师，在日常工作中不能很好地遵守劳动纪律，时有迟到、早退、串班聊天等违纪情况的发生。在年底奖金发放时，园长根据奖罚制度从其年终奖金中扣发150元作为处罚，并奖给出满勤、工作积极认真负责的李老师，以期起到奖优罚劣、奖勤罚懒、调动职工积极性的作用。陈老师心里感到很不平衡，认为幼儿园工作量大，放松一下没什么了不起，况且也没出现什么意外情况，要求园长退还扣发的奖金。园长认为，既然制定了规章制度，就应该认真贯彻执行，否则会挫伤本园职工的积极性，便拒绝了陈老师的要求。陈老师很愤怒，认为园长是对自己有看法，是打击报复，就对园长进行人身攻击，并让家里人和她一起到园里大吵大闹，看到园长没有让步的意思，又到主管单位领导处哭闹，歪曲事实。而此领导在没有调查清楚的情况下，轻率表态，认为批评一下就可以了，让园长把扣发的奖金还给陈老师，这样就使园长处于被动地位和两难境地。但园长并不盲从上级领导，而是写材料呈报上级，讲明情况：如果不能贯彻执行幼儿园的规章制度，那么自己就无法胜任园长的工作，况且自己的做法是正确的。上级领导对此很重视，经反复调查研究，作出决定：①给陈老师记处分一次，已扣发的奖金不必退还。②表扬了该园园长对工作认真负责、严格执行规章制度的做法。

问题：该园园长的做法对吗？请依据《幼儿园管理条例》对其进行分析。

实践活动

幼儿园园长访谈活动

[活动目的]

帮助学生深入了解幼儿园开办和管理中的一些常见问题，并使学生在采访的筹备、实施和反思过程中实现组织、表达、交际能力的综合提升。

[活动过程]

1.访谈要求

尽可能高标准地选择有代表性的幼儿园。

2.列访谈提纲

访谈对象：______________________

访谈人：______________________

研究现象：______________________

研究目的：______________________

访谈问题：示例如下。

（1）幼儿园的创办时间、规模、师资力量。

（2）幼儿园的教材体系。

（3）幼儿园的食谱。

（4）幼儿园的特色，即属于哪类幼儿园。

（5）幼儿园曾经取得的荣誉。

（6）幼儿园内的文化特色，如墙面、地板、挂件等。

（7）幼儿园行政人员在和教师的沟通合作中可能存在哪些问题，如何才能更好地处理这些问题？

（8）幼儿园是怎么促进家园合作的？

3.访谈前准备

（1）采访组员先明确访谈目的，由组长做好分工，每支采访队伍由三人组成，负责进行采访工作，并且完成采访报告。

（2）采访组员收集受访幼儿园的一些简单的资料，并且做到熟记于心，避免在访谈过程中出现忙乱状况。

（3）事先准备好访谈稿，队员熟悉访谈问题，合理地添加导语、串词及结尾，使整篇访谈结构饱满，让受访者便于回答。

（4）在采访前礼貌询问受访者是否方便接受采访，并先让对方了解采访问题。

4.正式进行访谈

____

____

____

____

5.撰写访谈总结报告

____

____

____

____

[活动总结]

通过这次活动，你对幼儿园的开办和管理是否有了更深刻的认识？如果你将来要开办一所幼儿园，你将如何进行？请写下你的计划。

第二章
保教人员的资质与权益

学习起航

学前教育质量提升的关键与核心在于保教人员队伍专业水平的提升。建设一支道德高尚、热爱儿童、业务精良、结构合理的保教人员队伍，是我国学前教育事业发展的一个重要目标。近年来，随着学前教育的迅速发展，我国对保教人员的标准和要求逐渐提高。相应地，保教人员应享有的权益也不能忽视，它是建设保教人员队伍的有力保障。本章我们就来了解和保教人员的资质与权益相关的政策和法律法规。

学习目标

素质目标：

1. 通过对《幼儿园教师专业标准（试行）》的基本理念的了解，明白终身学习的重要性，树立终身学习理念。

2. 通过对违反职业道德的行为及其处理办法的了解，培养良好的职业道德。

知识目标：

1. 了解《中华人民共和国教师法》《幼儿园教师专业标准（试行）》《幼儿园教师违反职业道德行为处理办法》的颁布背景和意义。

2. 理解《中华人民共和国教师法》《幼儿园教师专业标准（试行）》《幼儿园教师违反职业道德行为处理办法》对保教人员的资质与权益的具体规定。

能力目标：

能够运用《中华人民共和国教师法》《幼儿园教师专业标准（试行）》《幼儿园教师违反职业道德行为处理办法》对相关案例进行分析，并指导保教工作。

第一节 《中华人民共和国教师法》

案例导入

在某幼儿园的一次游戏活动中，一名幼儿很调皮，故意去撞其他小朋友。小朋友们纷纷向王老师“告状”，其中有个小女孩还哇哇大哭。王老师非常生气，打了那个调皮的幼儿一巴掌。第二天，该幼儿家长找到幼儿园，反映幼儿的耳朵前一天被王老师打聋，正在医院治疗。经过协商，王老师支付了全部医疗费。后该幼儿被鉴定为轻伤，其家长以刑事附带民事诉讼控告了王老师。之后，王老师被拘役5个月，缓刑8个月。为此，该幼儿园和有关部门正在研究对王老师的处分。

问题：王老师是否会丧失教师资格？

知识准备

一、《中华人民共和国教师法》的颁布背景与意义

《中华人民共和国教师法》(以下简称《教师法》)从1986年开始起草，1993年10月31日经第八届全国人民代表大会常务委员会第四次会议通过，根据2009年8月27日第十一届全国人民代表大会常务委员会第十次会议通过的《关于修改部分法律的决定》修正。自1993年以来的30年，中国教育事业迅猛发展，教师队伍规模、质量、结构都发生了巨大变化。为贯彻落实习近平总书记关于教育的重要论述，特别是关于教师队伍建设的重要指示批示精神，完善教师法律制度，教育部在深入调研的基础上，研究形成了《中华人民共和国教师法（修订草案）(征求意见稿)》，2021年11月面向社会公开征求意见，《教师法》修订在即。

《教师法》是新中国教育史上第一部关于教师的单行法律，它的制定和颁布体现了党和国家对人民教师的重视，有利于从根本上提高教师的社会地位，保障教师的合法权益，使教师成为社会上受人尊重的职业；有利于加强教师队伍的建设，造就一批具有高素质的教师队伍，促进社会主义教育

事业的发展。

二、《中华人民共和国教师法》的文本理解

（一）《教师法》的适用范围

《教师法》及修订草案征求意见稿全文

《教师法》总则第二条规定了适用范围："本法适用于在各级各类学校和其他教育机构中专门从事教育教学工作的教师。"这里所指的"各级各类学校"是指实施学前教育、普通初等教育、普通中等教育、职业教育、普通高等教育以及特殊教育、成人教育的学校。这里所指的"其他教育机构"是特指少年宫以及地方教研室、电化教育机构等。这里所指的"教师"是指履行教育教学职责的专业人员，承担教书育人、培养社会主义社会事业建设者和接班人、提高民族素质的使命。

（二）教师的权利与义务

1. 教师的权利

教师的权利是以公民的基本权利为基础，围绕履行教育教学职责依法行使的权利和享有的利益。教师的权利是得到法律许可和保障的，具有不可侵犯性。根据《教师法》第二章第七条的规定，教师享有以下六方面的权利。

（1）教育教学权。教师享有进行教育教学活动、开展教育教学改革和实验的权利。这是教师为履行教育教学职责必须具备的最基本权利。任何人不得非法剥夺在聘教师的教育教学权。

（2）科学研究权。教师享有从事科学研究、学术交流，参加专业的学术团体，在学术活动中充分发表意见的权利。这是教师作为专业技术人员的一项基本权利。

（3）管理学生权。教师享有指导学生的学习和发展，评定学生的品行和学业成绩的权利。

（4）获得报酬权。这是教师的基本物质保障权利。包括：按时获取工资报酬权；享受国家规定的福利待遇权；寒暑假期的带薪休假权。

（5）民主管理权。教师享有对学校教育教学、管理工作和教育行政部门的工作提出意见和建议，通过教职工代表大会或者其他形式，参与学校

的民主管理的权利。教师在行使民主管理权时，应注意遵循民主集中制的原则，并充分发挥自己对学校、教育行政部门工作的监督作用。

（6）进修培训权。教师享有参加当地教育行政部门或学校列入计划的各种形式的进修和其他培训的权利。这是教师享有的接受继续教育的权利。教师必须在保证完成本职工作，不影响学校正常的教育教学工作的条件下行使本权利。同时还要服从学校教育教学工作的安排，因地制宜地参加进修和培训。

2. 教师的义务

（1）遵守宪法、法律和职业道德，为人师表。

（2）贯彻国家的教育方针，遵守规章制度，执行学校的教学计划，履行教师聘约，完成教育教学工作任务。

（3）对学生进行宪法所确定的基本原则的教育和爱国主义、民族团结的教育，法制教育以及思想品德、文化、科学技术教育，组织、带领学生开展有益的社会活动。

（4）关心、爱护全体学生，尊重学生的人格，促进学生在品德、智力、体质等方面全面发展。

（5）制止有害于学生的行为或者其他侵犯学生合法权益的行为，批评和抵制有害于学生健康成长的现象。

（6）不断提高思想政治觉悟和教育教学业务水平。

（三）教师的资格和任用

1. 教师资格制度

教师资格制度是国家对教师实行的一种特定的职业资格认定制度，是公民获得教师工作应具备的特定条件和身份。我国《教育法》《教师法》都规定了国家实行教师资格制度。

（1）教师资格的构成要件。参见《教师法》第十条第二款规定。教师资格构成要件包括国籍、品德、业务、学历和认定五个方面，缺一不可。

教师资格证考试报名流程

（2）教师资格的认定程序。具备教师资格的取得要件，并不意味着一定能取得教师资格，还必须经过法定机构的认定，才具备教师资格。

教师资格的认定必须遵循一定的操作程序：①必须有申请人的申请，即按时提交申请表及有关证明材料。②由认定机构对申请人的条件进行审查，在受理期限终止 30 日内将审查结果通知本人。③对经认定合格者，颁发由国务院教育行政部门统一制作的相应的教师资格证书。该证终身有效，全国通用。

（3）教师资格的限制取得、撤销和丧失。参见《教师法》第十四条和《教师资格条例》第十九条规定。

练一练

> 曾受到有期徒刑两年刑事处罚的孙某申请获取教师资格，下列选项正确的是（　　）。
>
> A. 刑满之后孙某可以获得教师资格
>
> B. 经培训后孙某可以获得教师资格
>
> C. 五年之后孙某方可获取教师资格
>
> D. 依照法律孙某不得获取教师资格
>
> 解析：正确答案为D。《教师法》第十四条规定，受到剥夺政治权利或者故意犯罪受到有期徒刑以上刑事处罚的，不能取得教师资格；已经取得教师资格的，丧失教师资格。

2. 教师任用制度

《教师法》第十六条规定："国家实行教师职务制度。"教师职务制度是我国教师任用的重要制度，教师职务是专业技术职务。教师任用制度的实施，从法律的高度确定了教师的地位及其职业的不可替代性，促使教师队伍建设走上规范化、法治化的轨道，促进教师工资福利等待遇的改善，为优秀教师的脱颖而出创造条件。这对于充分调动和发挥广大教师为社会主义教育事业服务的积极性、创造性具有巨大的推动作用。

3. 教师聘任制度

《教师法》第十七条规定："学校和其他教育机构应当逐步实行教师聘任制。"教师聘任制度是学校与教师在遵循双方地位平等的原则下，签订聘任合同，明确规定双方的权利、义务和责任的一种制度。它是为适应社会主义市场经济发展而进行的教师任用制度改革的重要组成部分。

教师聘任形式依其聘任主体实施行为的不同可分为招聘、续聘、解聘、辞聘等几种形式。

4. 教师的培养与培训

《教师法》第十八条规定："各级人民政府和有关部门应当办好师范教育，并采取措施，鼓励优秀青年进入各级师范学校学习。各级教师进修学校承担培训中小学教师的任务。非师范学校应当承担培养和培训中小学教师的任务。各级师范学校的学生享受专业奖学金。"该条规定包括幼儿园教师在内的教师培养和培训的途径。各级教育行政部门、学前教育主管部门和幼儿园应当制订教师培训规划，对教师进行多种形式的思想政治、业务培训。

5. 教师的考核与奖励

（1）教师的考核。教师的考核是指各级各类学校及其他教育机构，按照教师考核规章的考核内容、考核原则、考核程序，对教师进行的考察和评价，它具有导向功能。考核能促使教师不断端正教育思想，调动教师的积极性和创造性，促进教师队伍建设管理的规范化。

教师考核的机构：《教师法》第二十二条规定教师考核的机构是"学校或者其他教育机构"，教育行政部门对教师的考核工作进行指导、监督。

教师考核的内容：《教师法》第二十二条规定教师考核的内容是"政治思想、业务水平、工作态度、工作成绩"四个方面。

教师考核的原则：《教师法》第二十三条规定"考核应当客观、公正、准确"，即考核要遵循客观性原则、公正性原则、准确性原则，应当坚持全面考核，以工作成绩为主。程序上的要求是"充分听取教师本人、其他教师以及学生的意见"。

教师考核的结果：《教师法》第二十四条规定"教师考核结果是受聘任教、晋升工资、实施奖惩的依据"。

练一练

> 根据《中华人民共和国教师法》，学校或者其他教育机构对教师进行考核的内容不包括（　　）。
>
> A. 业务水平　　B. 工作态度　　C. 工作成绩　　D. 工作年限
>
> 解析：正确答案为D。《教师法》第二十二条规定对教师进行考核的内容是“政治思想、业务水平、工作态度、工作成绩”四个方面。

（2）教师的奖励。教师的奖励是按照教师的工作成绩、对教育事业的贡献大小而给予的一定的精神奖励和物质奖励。这是加强教师队伍建设的一个重要方面，具有很强的现实意义，有利于鼓励教师积极上进、终身从教，提高教师队伍素质；有利于尊师重教及良好社会风尚的形成。

6. 教师的待遇

教师的待遇是指教师的工资、津贴、住房、医疗、退休等方面的总和。教师的待遇是《教师法》的一个重点问题。长期以来，我国教师的待遇偏低，不适应教育事业发展的需要，迫切需要提高，所以《教师法》第六章专门对教师待遇作了具体规定。

（四）违反《教师法》的法律责任

一是侮辱、殴打、报复教师的法律责任认定及处理办法。《教师法》第三十五条规定：“侮辱、殴打教师的，根据不同情况，分别给予行政处分或者行政处罚；造成损害的，责令赔偿损失；情节严重，构成犯罪的，依法追究刑事责任。”

二是地方人民政府及有关部门的法律责任认定及处理办法。《教师法》第三十八条规定：“地方人民政府对违反本法规定，拖欠教师工资或者侵犯教师其他合法权益的，应当责令其限期改正。违反国家财政制度、财务制度，挪用国家财政用于教育的经费，严重妨碍教育教学工作，拖欠教师工资，损害教师合法权益的，由上级机关责令限期归还被挪用的经费，并对直接责任人员给予行政处分；情节严重，构成犯罪的，依法追究刑事责任。”

三是教师的申诉权利。《教师法》第三十九条明确规定：“教师对学校或者其他教育机构侵犯其合法权益的，或者对学校或者其他教育机构作出的处理不服的，可以向教育行政部门提出申诉，教育行政部门应当在接到申诉的三十日内，作出处理。教师认为当地人民政府有关行政部门侵犯其根据本法规定享有的权利的，可以向同级人民政府或者上一级人民政府有关部门提出申诉，同级人民政府或者上一级人民政府有关部门应当作出处理。”

四是教师违反《教师法》所应承担的法律责任及处理办法。《教师法》第三十七条规定：“教师有下列情形之一的，由所在学校、其他教育机构或者教育行政部门给予行政处分或者解聘：（一）故意不完成教育教学任务给教育教学工作造成损失的；（二）体罚学生，经教育不改的；（三）品行不良、侮辱学生，影响恶劣的。教师有前款第（二）项、第（三）项所列情形之一，情节严重，构成犯罪的，依法追究刑事责任。”

练一练

根据《中华人民共和国教师法》的规定，教师体罚学生，经教育不改的，由所在学校、其他教育机构或者教育行政部门给予行政处分或者（　　）。

A. 开除　　B. 解聘　　C. 辞退　　D. 劝退

解析：正确答案为B。根据《教师法》第三十七条规定，教师有体罚学生，经教育不改的情况，由所在学校、其他教育机构或者教育行政部门给予行政处分或者解聘。

第二节 《幼儿园教师专业标准（试行）》

案例导入

有一天，王老师让孩子们玩卖菜、买菜的游戏。所有的女孩子都来卖菜，所有的男孩子都来买菜。男孩子们看谁买得更便宜；女孩子们看谁卖得最多。孩子们一听，立刻乐得眉开眼笑，一会儿他们分成两排，开始了卖菜、买菜的游戏。每一个孩子都兴高采烈，玩得不亦乐乎。

但过了一会儿，玩得就不是那么友好了，有的小孩吵了起来，有的还把工具扔到了地上。最严重的是，两个小孩子哭了，一个女孩子说男孩子买菜不给钱，那个男孩子说她的菜太贵了，惹得大家都笑了起来。王老师于是抓紧时机，告诉孩子们要和别人和睦相处。王老师先安慰女孩子，要她停止哭泣，之后继续帮她分析："他买完菜为什么不给钱呢？我们要和他讲道理。"然后，王老师又告诉男孩子："买完菜必须给钱，如果你嫌贵可以和她讨价还价呀！买卖不成仁义在嘛！"说得小男孩儿不好意思起来。小男孩对小女孩说："对不起，我以后再也不这样做了！你原谅我好吗？"这样就化解了一场风波，孩子们学会了彼此尊重。

问题：王老师的做法好在哪里？

知识准备

一、《幼儿园教师专业标准（试行）》的颁布背景与意义

幼儿园教师是履行幼儿园教育教学工作职责的专业人员，需要经过严格的培养与培训，具有良好的职业道德，掌握系统的专业知识和专业技能。《幼儿园教师专业标准（试行）》（简称《专业标准》）是国家对合格幼儿园教师专业素质的基本要求，是幼儿园教师实施保教行为的基本规范，是引领幼儿园教师专业发展的基本准则，是幼儿园教师培养、准入、培训、考核等工作的重要依据。

《专业标准》概述

二、《幼儿园教师专业标准（试行）》的文本理解

《专业标准》全文

（一）基本理念

1. 师德为先

《专业标准》强调幼儿教师要“热爱学前教育事业，具有职业理想，践行社会主义核心价值体系，履行教师职业道德规范，依法执教”，这是幼儿教师职业观的根本要求。幼儿阶段是人生的初始阶段，是个体发展的奠基阶段，幼儿幼弱的身体需要教师的细心呵护，懵懂的心灵需要教师的耐心引导。幼儿教师作为专职的教育者要“关爱幼儿，尊重幼儿人格，富有爱心、责任心、耐心和细心”，给予幼儿精心的呵护和教育培养。同时，幼儿爱模仿，但缺乏辨别力，所以教师要“为人师表，教书育人，自尊自律”，具有良好的职业道德修养，以通过自己良好的言行“做幼儿健康成长的启蒙者和引路人”。

2. 幼儿为本

《专业标准》强调要“尊重幼儿权益，以幼儿为主体，充分调动和发挥幼儿的主动性”，这是幼儿教师作为专业人员应该具备的儿童观。幼儿是教育过程中的主体，幼儿教师只有认识到这一点，才能“遵循幼儿身心发展特点和保教活动规律，提供适合的教育”。每个幼儿都是独立的个体，他们有自己的先天禀赋，有不同的生长环境，他们的成长也需要不同的教育方式。幼儿教师以幼儿为本，就要热爱幼儿，尊重幼儿的主体地位和个体差异，遵循幼儿身心发展规律，提供适合于幼儿的教育，促进每个幼儿生动、活泼、主动地发展，全面健康地成长。

3. 能力为重

《专业标准》中对幼儿教师教育教学能力的要求是教师观的根本体现，这一要求包含了三层含义：第一，幼儿教育是保教结合的实践过程，教师要把专业要求体现在日常实践活动中，即“把学前教育理论与保教实践相结合，突出保教实践能力”；第二，实践的过程中充满了变数，幼儿教育的实践也会遇到许多新问题，所以幼儿教师必须“研究幼儿，遵循幼儿成长规律，提升保教工作专业化水平”，在实践中要善于研究，才能不断提升自己的专业水平；第三，幼儿教师的专业成长和成熟是没有止境的，幼儿教师必

须“坚持实践、反思，再实践、再反思”的工作精神，才能寻求出解决教育难题的好方法，也才能“不断提高专业能力”，这也是新时代幼儿教育实践的需要。

4. 终身学习

《专业标准》强调的“终身学习”思想是幼儿教师发展观的体现。幼儿教师“学习先进学前教育理论，了解国内外学前教育改革与发展的经验和做法”的理念，适应了国际教师专业发展与教育改革的趋势，同时也适应了教师不断学习、提高的职业特别要求。

（二）基本内容

《专业标准》的基本内容构架包含专业理念与师德、专业知识和专业能力 3 个维度、14 个领域、62 条基本要求，是对专业幼儿教师的职业观、儿童观、教育观和发展观的具体化，充分反映了幼儿园教师必须具备的专业态度、专业知识与专业能力。

1. “专业理念与师德”内容与要求

（1）职业理解与认识。

①贯彻党和国家教育方针政策，遵守教育法律法规。

②理解幼儿保教工作的意义，热爱学前教育事业，具有职业理想和敬业精神。

③认同幼儿园教师的专业性和独特性，注重自身专业发展。

④具有良好职业道德修养，为人师表。

⑤具有团队合作精神，积极开展协作与交流。

（2）对幼儿的态度与行为。

①关爱幼儿，重视幼儿身心健康，将保护幼儿生命安全放在首位。

②尊重幼儿人格，维护幼儿合法权益，平等对待每一个幼儿。不讽刺、挖苦、歧视幼儿，不体罚或变相体罚幼儿。

③信任幼儿，尊重个体差异，主动了解和满足有益于幼儿身心发展的不同需求。

④重视生活对幼儿健康成长的重要价值，积极创造条件，让幼儿拥有快乐的幼儿园生活。

练一练

幼儿园教师要尊重幼儿（　　），维护幼儿合法权益，平等对待每一位幼儿。

A.人格　　B.爱好　　C.发展　　D.人权

解析：正确答案为A。《专业标准》在“专业理念与师德”维度规定幼儿园教师必须尊重幼儿人格，维护幼儿合法权益，平等对待每一个幼儿。

（3）幼儿保育和教育的态度与行为。

①注重保教结合，培育幼儿良好的意志品质，帮助幼儿形成良好的行为习惯。

②注重保护幼儿的好奇心，培养幼儿的想象力，发掘幼儿的兴趣爱好。

③重视环境和游戏对幼儿发展的独特作用，创设富有教育意义的环境氛围，将游戏作为幼儿的主要活动。

④重视丰富幼儿多方面的直接经验，将探索、交往等实践活动作为幼儿最重要的学习方式。

⑤重视自身日常态度言行对幼儿发展的重要影响与作用。

⑥重视幼儿园、家庭和社区的合作，综合利用各种资源。

（4）个人修养与行为。

①富有爱心、责任心、耐心和细心。

②乐观向上、热情开朗，有亲和力。

③善于自我调节情绪，保持平和心态。

④勤于学习，不断进取。

⑤衣着整洁得体，语言规范健康，举止文明礼貌。

2.“专业知识”内容与要求

（1）幼儿发展知识。

①了解关于幼儿生存、发展和保护的有关法律法规及政策规定。

②掌握不同年龄幼儿身心发展特点、规律和促进幼儿全面发展的策略与方法。

③了解幼儿在发展水平、速度与优势领域等方面的个体差异，掌握对

应的策略与方法。

④了解幼儿发展中容易出现的问题与适宜的对策。

⑤了解有特殊需要幼儿的身心发展特点及教育策略与方法。

（2）幼儿保育和教育知识。

①熟悉幼儿园教育的目标、任务、内容、要求和基本原则。

②掌握幼儿园各领域教育的学科特点与基本知识。

③掌握幼儿园环境创设、一日生活安排、游戏与教育活动、保育和班级管理的知识与方法。

④熟知幼儿园的安全应急预案，掌握意外事故和危险情况下幼儿安全防护与救助的基本方法。

⑤掌握观察、谈话、记录等了解幼儿的基本方法和教育心理学的基本原理和方法。

⑥了解 0 ～ 3 岁婴幼儿保教和幼小衔接的有关知识与基本方法。

（3）通识性知识。

①具有一定的自然科学和人文社会科学知识。

②了解中国教育基本情况。

③具有相应的艺术欣赏与表现知识。

④具有一定的现代信息技术知识。

3.“专业能力”内容与要求

（1）环境的创设与利用。

①建立良好的师幼关系，帮助幼儿建立良好的同伴关系，让幼儿感到温暖和愉悦。

②建立班级秩序与规则，营造良好的班级氛围，让幼儿感受到安全、舒适。

③创设有助于促进幼儿成长、学习、游戏的教育环境。

④合理利用资源，为幼儿提供和制作适合的玩教具和学习材料，引发和支持幼儿的主动活动。

（2）一日生活的组织与保育。

①合理安排和组织一日生活的各个环节，将教育灵活地渗透到一日生活中。

②科学照料幼儿日常生活，指导和协助保育员做好班级常规保育和卫生工作。

③充分利用各种教育契机，对幼儿进行随机教育。

④有效保护幼儿，及时处理幼儿的常见事故，危险情况优先救护幼儿。

（3）游戏活动的支持与引导。

①提供符合幼儿兴趣需要、年龄特点和发展目标的游戏条件。

②充分利用与合理设计游戏活动空间，提供丰富、适宜的游戏材料，支持、引发和促进幼儿的游戏。

③鼓励幼儿自主选择游戏内容、伙伴和材料，支持幼儿主动地、创造性地开展游戏，充分体验游戏的快乐和满足。

④引导幼儿在游戏活动中获得身体、认知、语言和社会性等多方面的发展。

（4）教育活动的计划与实施。

①制定阶段性的教育活动计划和具体活动方案。

②在教育活动中观察幼儿，根据幼儿的表现和需要，调整活动，给予适宜的指导。

③在教育活动的设计和实施中体现趣味性、综合性和生活化，灵活运用各种组织形式和适宜的教育方式。

④提供更多的操作探索、交流合作、表达表现的机会，支持和促进幼儿主动学习。

练一练

教师要制定（　　）的教育活动计划和具体活动方案。

A. 长期性　　B. 阶段性　　C. 中长期　　D. 随机性

解析：正确答案为B。《专业标准》在“专业能力”维度规定幼儿园教师必须制定阶段性的教育活动计划和具体活动方案。

（5）激励与评价。

①关注幼儿日常表现，及时发现和赏识每个幼儿的点滴进步，注重激发和保护幼儿的积极性、自信心。

②有效运用观察、谈话、家园联系、作品分析等多种方法，客观地、

全面地了解和评价幼儿。

③有效运用评价结果，指导下一步教育活动的开展。

（6）沟通与合作。

①使用符合幼儿年龄特点的语言进行保教工作。

②善于倾听，和蔼可亲，与幼儿进行有效沟通。

③与同事合作交流，分享经验和资源，共同发展。

④与家长进行有效沟通合作，共同促进幼儿发展。

⑤协助幼儿园与社区建立合作互助的良好关系。

（7）反思与发展。

①主动收集分析相关信息，不断进行反思，改进保教工作。

②针对保教工作中的现实需要与问题，进行探索和研究。

③制定专业发展规划，积极参加专业培训，不断提高自身专业素质。

资料链接

我国出台《关于加强幼儿园教师队伍建设的意见》

为进一步加强教师队伍建设，国务院于2012年8月20日发布了《关于加强教师队伍建设的意见》，其中明确提出幼儿园教师队伍建设要以补足配齐为重点，切实加强幼儿园教师培养培训，严格实施幼儿园教师资格制度，依法落实幼儿园教师地位待遇。紧接着在2012年9月20日，教育部、中央编办、财政部和人力资源社会保障部联合印发了《关于加强幼儿园教师队伍建设的意见》，其内容包括八点意见：明确幼儿园教师队伍建设的目标、补足配齐幼儿园教师、完善幼儿园教师资格制度、建立幼儿园园长任职资格制度、完善幼儿园教师职务（职称）评聘制度、提高幼儿园教师培养培训质量、建立幼儿园教师待遇保障机制和确保各项政策措施落实到位。

第三节 《幼儿园教师违反职业道德行为处理办法》

案例导入

2018 年 12 月 13 日上午 10 时许，某国际双语幼儿园里，100 多名孩子正在各自的班里上课。此时在一间教室里，三名教师和十几个孩子呈现在视频监控里。监控摄像头记录下了一名教师虐待儿童的全程。整个过程教室内另外两名教师都看到了，却没有任何劝阻的行动。

视频曝光后，被打的小孩被送到医院检查，确诊为软组织损伤。该名教师被幼儿园开除，并移交派出所进行处理。同一个教室的另两名老师也被开除，并处以经济处罚。同时，12 月 14 日，该幼儿园专门对全园教职工进行了警示教育，要求所有老师进行师德承诺。

问题：如何防止伤害孩子的事情发生？

知识准备

一、《幼儿园教师违反职业道德行为处理办法》的颁布背景与意义

2018 年 11 月 8 日，教育部印发了《幼儿园教师违反职业道德行为处理办法》（简称《处理办法》），其目的是规范幼儿园教师的职业行为，保障教师、幼儿的合法权益。《处理办法》的出台有利于强化对幼儿园教师行为的规范和管理，有利于促进学前教育的规范化发展，促进学前教育质量稳步提升。

二、《幼儿园教师违反职业道德行为处理办法》的文本理解

（一）明确违反教师职业道德的行为

《处理办法》全文

《处理办法》对幼儿园教师违反职业道德的行为进行了详细的规定。《处理办法》第四条指出，应予处理的教师违反职业道德行为包括：①在保教活动中及其他场合有损害党中央权威和违背党的路线方针政策的言行；②损害国家利益、社会公共利益，或违背社会公序良俗；③通过保教活动、论坛、讲

座、信息网络及其他渠道发表、转发错误观点，或编造散布虚假信息、不良信息；④在工作期间玩忽职守、消极怠工，或空岗、未经批准找人替班，利用职务之便兼职兼薪；⑤在保教活动中遇突发事件、面临危险时，不顾幼儿安危，擅离职守，自行逃离；⑥体罚和变相体罚幼儿，歧视、侮辱幼儿，猥亵、虐待、伤害幼儿；⑦采用学校教育方式提前教授小学内容，组织有碍幼儿身心健康的活动；⑧在入园招生、绩效考核、岗位聘用、职称评聘、评优评奖等工作中徇私舞弊、弄虚作假；⑨索要、收受幼儿家长财物或参加由家长付费的宴请、旅游、娱乐休闲等活动，推销幼儿读物、社会保险或利用家长资源谋取私利；⑩组织幼儿参加以营利为目的的表演、竞赛活动，或泄露幼儿与家长的信息；⑪其他违反职业道德的行为。《处理办法》从政治方向、爱国守法、关心爱护学生、廉洁自律等多个方面对教师行为进行了规范，列举了违反教师职业道德的诸多行为，给幼儿园教师行为画下“道德红线”，严格规范教师行为。

（二）加大违反师德行为的惩处力度

《处理办法》对不同程度的违反职业道德行为提出了从警告处分到撤职等多级处罚模式，分程度、有梯度地对师德行为作出规范。

《处理办法》第三条规定：本办法所称处理包括处分和其他处理。处分包括警告、记过、降低岗位等级或撤职、开除。警告期限为 6 个月，记过期限为 12 个月，降低岗位等级或撤职期限为 24 个月。是中共党员的，同时给予党纪处分。其他处理包括给予批评教育、诫勉谈话、责令检查、通报批评，以及取消在评奖评优、职务晋升、职称评定、岗位聘用、工资晋级、申报人才计划等方面的资格。取消相关资格的处理执行期限不得少于 24 个月。教师涉嫌违法犯罪的，及时移送司法机关依法处理。

《处理办法》第十条规定：教师受到处分的，符合《教师资格条例》第十九条规定的，由县级以上教育行政部门依法撤销其教师资格。教师受处分期间暂缓教师资格定期注册。依据《中华人民共和国教师法》第十四条规定丧失教师资格的，不能重新取得教师资格。教师受记过以上处分期间不能参加专业技术职务任职资格评审。

《处理办法》第十一条规定：教师被依法判处刑罚的，依据《事业单位工作人员处分暂行规定》给予降低岗位等级或者撤职以上处分。其中，被依法判处有期徒刑以上刑罚的，给予开除处分。教师受到剥夺政治权利或者故意犯罪受到有期徒刑以上刑事处罚的，丧失教师资格。

通过以上内容我们可以看到，《处理办法》注意将幼儿园教师违反职业道德的行为代价提到最高，对违反职业道德的行为进行严肃处理，并采取档案记录和教师人事档案相关联的方式，以《教师资格条例》《中华人民共和国教师法》为上位法律保障，加大处罚的力度和层级。

练一练

幼儿教师李某猥亵儿童被人民法院判处有期徒刑一年，缓刑一年。李某（　　）。

A. 将终身不能从事教师职业

B. 五年内不得从事教师职业

C. 缓刑期内可继续从事教师职业

D. 可在私立幼儿园从事教师职业

解析：正确答案为A。幼儿园教师应该严格遵守教师职业道德规范，不能侵害学生的权益，一旦有这种情况发生，应该受到相应的惩罚。

（三）明确处罚主体的权限

《处理办法》第七条给予教师的处理按照以下权限决定：①警告和记过处分，公办幼儿园教师由所在幼儿园提出建议，幼儿园主管部门决定。民办幼儿园教师由所在幼儿园提出建议，幼儿园举办者作出决定，并报主管部门备案。②降低岗位等级或撤职处分，公办幼儿园由教师所在幼儿园提出建议，幼儿园主管部门决定并报同级人事部门备案。民办幼儿园教师由所在幼儿园提出建议，幼儿园举办者作出决定，并报主管部门备案。③开除处分，公办幼儿园在编教师由所在幼儿园提出建议，幼儿园主管部门决定并报同级人事部门备案。未纳入编制管理的教师由所在幼儿园决定并解除其聘任合同，报主管部门备案。民办幼儿园教师由所在幼儿园提出建议，幼儿园举办者作出决定并解除其聘任合同，报主管部门备案。④给予批评教育、诫勉谈话、责令检查、通报批评，以及取消在评奖评优、职务晋升、职称评定、岗位聘用、工资晋级、申报人才计划等方面资格的其他处理，按照管理权限，由教师所在幼儿园或主管部门视其情节轻重作出决定。

练一练

> 《幼儿园教师违反职业道德行为处理办法》所称处理包括处分和其他处理。处分包括警告、记过、降低岗位等级或（　　）、开除。
>
> A. 停职　　B. 降薪　　C. 撤职　　D. 留职
>
> 解析：正确答案为C。

（四）强化上级主管部门的监督

规范教师行为，一方面要依靠对已出现问题的处分与惩戒，另一方面还要防微杜渐，加强上级部门的监督与管控。《处理办法》第十二条规定，对于公办幼儿园、民办幼儿园举办者及主管部门不履行或不正确履行师德师风建设管理职责，上一级行政部门应当视情节轻重采取约谈、诫勉谈话、通报批评、纪律处分和组织处理等方式严肃追究主要负责人、分管负责人和直接责任人的责任：①师德师风长效机制建设、日常教育督导不到位；②师德失范问题排查发现不及时；③对已发现的师德失范行为处置不力、方式不当或拒不处分、拖延处分、推诿隐瞒的；④已作出的师德失范行为处理决定落实不到位，师德失范行为整改不彻底；⑤多次出现师德失范问题或因师德失范行为引起不良社会影响；⑥其他应当问责的失职失责等情形。第十三条还规定省级教育行政部门应当结合当地实际情况制定实施细则，并报国务院教育行政部门备案。以上规定，强化了幼儿园上级主管部门和个人的监督职能，通过自上而下的外部管控，严格幼儿园教师管理，规范幼儿园教师的职业行为。

教育部公开7起违反教师职业行为十项准则典型案例

（五）尊重处罚的证据、依据

教师奋战于教育一线，是知识的传播者和德育的实践者，承担着家庭和社会的诸多期待。因此，如果教师行为失范，就应该受到严厉惩处。但是，惩处必须有章可循、有据可依。《处理办法》也强调，在惩戒实施的过程中应该注重明确事实，并且给予教师申请复核、申诉的权利。《处理办法》第八条规定，处理决定应当书面通知教师本人并载明认定的事实、理由、依据，期限及申诉途径等内容。第九条规定，教师不服处理决定的，可以向幼儿园主管部门申请复核。对复核结果不服的，可以向幼儿园主管部门的上一级行政部门提出申诉。对教师的处理，在期满后根据悔改表现予以延期或解除，处理决定和处理解除决定都应完整存入人事档案及教师管理信息系统。

（六）确保处罚公平公正

对于幼儿园教师的失范行为应采取一经发现、严惩不贷的处罚办法。但是，在处罚时要履行相应的规范化程序，既不能姑息对幼儿实施伤害、违反教师职业道德的行为，同时也要保证处罚的真实有效，避免因失察造成的误处误判，加强对被处分者失范行为的核实。《处理办法》第五条强调，幼儿园及幼儿园主管部门发现教师存在第四条列举行为的，应当及时组织调查核实，视情节轻重给予相应处理。作出处理决定前，应当听取教师的陈述和申辩，调查了解幼儿情况，听取其他教师、家长委员会或者家长代表意见，并告知教师有要求举行听证的权利。对于拟给予降低岗位等级以上的处分，教师要求听证的，拟作出处理决定的部门应当组织听证。第六条也规定了给予教师处理，应当坚持公平公正、教育与惩处相结合的原则；应当与其违反职业道德行为的性质、情节、危害程度相适应；应当事实清楚、证据确凿、定性准确、处理恰当、程序合法、手续完备。

《处理办法》的宗旨在于维护和稳定学前教育秩序，促进学前教育健康有序发展。因此，不仅要对教师失范行为采取惩治办法，同时也要不断强化过程真实，加强核查，在保障幼儿权益的同时为幼儿园教师树立正确的行为导向，强化监督，促进学前教育的有序发展。

用爱和责任做好人生每一件事

贯彻精神

党的二十大报告指出，要“加强师德师风建设，培养高素质教师队伍，弘扬尊师重教社会风尚”[①]。

当下，部分教师违反职业道德的行为仍然存在，作为即将走上保教岗位的学生，我们要以反面案例为诫，从自身做起，提高自己的师德师风。

知识检测

一、单选题

1.教师要使用符合幼儿（　　）的语言进行保教工作。

A.特殊需要　B.身心特点　C.随机喜爱　D.年龄特点

2.教师要制定（　　）的教育活动计划和具体活动方案。

A.长期性　B.阶段性　C.中长期　D.随机性

3.我国首次以法律形式明确规定“国家实行教师资格制度”的文件是（　　）。

A.《教师资格条例》　B.《教师资格认定的过渡办法》

C.《〈教师资格条例〉实施办法》　D.《中华人民共和国教师法》

4.教师应享有的基本物质利益权利是（　　）。

A.参与民主管理权　B.科学研究与学术活动权

C.教育教学权　D.获取劳动报酬和享受福利待遇权

5.制定《幼儿园教师违反职业道德行为处理办法》的目的是（　　）。

A.规范幼儿园教师职业行为　B.保障教师的合法权益

C.保障幼儿的合法权益　D.保障家长的合法权益

二、材料分析题

游戏时间，娃娃家的幼儿先进行了分工：朵朵是护士，小俊是医生，轩轩是病人。医生给病人量了量体温，然后告诉护士病人需要打

① 习近平．高举中国特色社会主义伟大旗帜 为全面建设社会主义现代化国家而团结奋斗——在中国共产党第二十次全国代表大会上的报告[R]．北京：人民出版社，2022：34.

针。护士为病人打过针后，病人说自己还是不舒服，于是医生建议病人做手术。但是医生发现医院里还没有可以做手术的病床，他就走过来对老师说："老师，我们没有病床可以做手术。"老师走过去说："病床没有，那你们能不能自己搭一个？"（这是第一次介入）幼儿就搬来小椅子搭病床。当老师第二次来到医院时，正遇到病人和医生在大吵，因为病人想出院了，但医生认为病人刚手术完还不能出院。老师说："你们认为病人刚做完手术应该做什么？"（这是第二次介入）医生说："留在医院进行观察。"病人听到后点点头说："好，那就再观察一下吧。"

问题：教师在幼儿游戏活动中应该做些什么？

实践活动

教师资格证面试模拟

[活动目的]

帮助学生提前了解教师资格证面试的流程，使学生能够做好知识准备和心理准备。

[活动准备]

（1）由授课教师组成面试官团队，对学生面试情况进行指导和评价。

（2）提前准备好场地、题库、计时工具和打分表等。

[活动过程]

（1）候考。考生持纸质面试准考证（自制物代替）、身份证件，按时到达考点，进入候考室候考。

（2）抽题。考生按照安排从面试题库系统试题组中任选其中一道试题，在随机生成的两道试题中选择一道试题。

（3）备课。考生进入备课室，根据试题清单撰写教案（或活动演示方案），备课时间 20 分钟。

（4）回答规定问题。考生由工作人员引导进入指定面试室。考官从题库中随机抽取 2 个规定问题，考生回答，时间 5 分钟。

（5）试讲/演示。考生按照准备的教案（或活动演示方案）进行试讲（或演示），时间 10 分钟。

（6）答辩。考官围绕考生试讲（或演示）内容和测试项目进行提问，考生答辩，时间 5 分钟。

（7）评分。考官依据评分标准对考生面试表现进行综合评分。

[活动总结]

通过面试前准备的情况和面试中自己的表现，了解自己有哪些不足，知道如何在以后的学习中提升自己，请写下未来的学习和提升计划。

第三章

保教对象的权利与保护

学习起航

儿童期是人生发展的关键时期，保护儿童权利，促进儿童发展，对于全面提高中华民族素质、建设人力资源强国具有重要战略意义。为了保护儿童的权利，联合国颁布了《儿童权利公约》，我国也颁布了《中国儿童发展纲要（2021—2030年）》和《中华人民共和国未成年人保护法》。本章我们就来了解和儿童的权利与保护相关的政策和法律法规。

学习目标

素质目标：

1. 了解教育要遵循儿童身心发展特点和规律。

2. 了解儿童权利，尊重儿童享有生存、生活和学习的权利。

知识目标：

1. 了解《儿童权利公约》《中国儿童发展纲要（2021—2030年）》《中华人民共和国未成年人保护法》的颁布背景和意义。

2. 理解《儿童权利公约》《中国儿童发展纲要（2021—2030年）》《中华人民共和国未成年人保护法》对儿童的权利与保护的具体规定。

能力目标：

能够运用《儿童权利公约》《中国儿童发展纲要（2021—2030年）》《中华人民共和国未成年人保护法》对相关案例进行分析，并指导保教工作。

第一节 《儿童权利公约》

案例导入

某县教育局实行机构改革，将原来的勤工俭学管理站改为县教育服务公司，并于某日上午举行挂牌仪式。为了营造热闹氛围，县教育局提前半个月通知县城内各公立幼儿园和各小学排练节目，届时到场助兴。某日上午，教育服务公司挂牌仪式如期举行，县城3所公立幼儿园的3～6岁儿童60人和7所小学的小学生200多人参加典礼，一时锣鼓喧天、热闹非凡，县教育局的领导们十分满意，感觉效果好极了。

问题：县教育局是否侵犯了儿童的受教育权？

知识准备

一、《儿童权利公约》的颁布背景与意义

《儿童权利公约》（简称《公约》）于1989年11月20日在第44届联合国大会上通过，是第一部有关保障儿童权利且具有法律约束力的国际性公约，于1990年9月2日正式生效，截至2015年10月，已有缔约国196个。该公约旨在保护儿童权益，为世界各国儿童创建良好的成长环境。

《公约》概述

二、《儿童权利公约》的文本理解

（一）儿童的界定

《公约》第一条规定："为本公约之目的，儿童系指18岁以下的任何人，除非对其适用之法律规定成年年龄少于18岁。"这就明确了《公约》保护的是18岁以下的任何人，这里对儿童的界定相当于我国未成年人的概念。"除非对其适用之法律规定成年年龄少于18岁"的意思是，如果某些国家的相关法律规定18岁以下应承担法律责任时，则该儿童应承担责任，不受《公约》保护。

《公约》全文

练一练

> 联合国《儿童权利公约》所指的“儿童”是（　　）。
>
> A. 18 岁以下的任何人　　B. 16 岁以下的任何人
>
> C. 10 岁以下的任何人　　D. 6 岁以下的任何人
>
> 解析：正确答案为 A。《公约》第一条规定儿童系指 18 岁以下的任何人。

（二）四大原则

1. 无歧视原则（无差别原则/非歧视性原则）

不管儿童的社会文化背景、出身、贫富如何，也不论男女、正常儿童或残疾儿童，都应该得到平等对待，不受歧视和忽视。

练一练

> 残疾儿童接受学前教育，并确保其不受教师、同学的歧视，体现了《儿童权利公约》中的（　　）。
>
> A. 儿童最大利益的原则　　B. 尊重儿童权利与尊严原则
>
> C. 无歧视原则　　D. 尊重儿童观点的原则
>
> 解析：正确答案为 C。无歧视原则：每个儿童都平等地享有《公约》所规定的全部权利，儿童不应因其本人及其父母的种族、肤色、性别、语言、宗教、政治观点、民族、财产状况和身体状况等受到任何歧视。

2. 儿童最大利益原则

任何时候、任何事情、任何人，凡是涉及儿童的，必须以儿童权利为重。例如，《公约》第三条规定如下：

（1）涉及儿童的一切行为，不论是由公立或私立社会福利机构、法院、行政当局或立法机构执行，均应以儿童的最大利益为一种首要考虑。

（2）缔约国应承担确保儿童享有其幸福所必需的保护和照顾，考虑到其父母、法定监护人，或任何对其负有法律责任的个人的权利和义务，并为此采取一切适当的立法和行政措施。

（3）缔约国应确保负责照料或保护儿童的机构、服务部门及设施符合主管当局规定的标准，尤其是安全、卫生、工作人员数量和资格以及有效监督方面的标准。

3. 尊重儿童基本权利的原则

尊重儿童的各项基本权利，如生存权、发展权等。例如，《公约》第六条规定如下：

（1）缔约国承认每个儿童均享有固有的生命权。

（2）缔约国应最大限度地确保儿童的生存与发展。

4. 尊重儿童观点的原则

任何事情只要涉及儿童，应当听取儿童的意见。例如，《公约》第十二条规定如下：

（1）缔约国应确保能够形成自己看法的儿童有权对影响儿童的一切事项自由发表自己的意见，对儿童的意见应按照其年龄和成熟程度给予适当的看待。

（2）为此目的，儿童应特别享有机会在影响到儿童的任何司法和行政诉讼中阐述见解，以符合国家法律的诉讼规则的方式，直接或通过代表或适当机构陈述意见。

（三）四大权利

1. 生存权

生存权是指每个儿童都有其生命权和健康权。《公约》对儿童这一固有权利的规定包括了很多方面。例如，《公约》第六条规定："缔约国承认每个儿童均享有固有的生命权。"

2. 受保护权

受保护权是指防止儿童受到歧视、虐待及疏忽照顾，尤其是那些失去家庭的儿童和难民儿童。《公约》对儿童受保护权的规定包括保护儿童的隐私、荣誉、名誉、教养、监管、用药、福利等诸多方面。例如，《公约》第十六条规定如下：

（1）儿童的隐私、家庭、住宅或通信不受任意或非法干涉，其荣誉和名誉不受非法攻击。

（2）儿童有权享受法律保护，以免受这类干涉或攻击。

3. 发展权

发展权是指儿童有权利接受一切形式的教育，以此促进其身体、心理、精神、道德及社会发展。《公约》对于儿童发展体能和智能的规定涉及多个方面。例如，《公约》第十八条规定如下：

（1）缔约国应尽其最大努力，确保父母双方对儿童的养育和发展负有共同责任的原则得到认可。父母或视具体情况而定的法定监护人对儿童的养育和发展负有首要责任。儿童的最大利益将是他们主要关心的事。

（2）为保证和促进本公约所列举的权利，缔约国应在父母和法定监护人履行其抚养儿童的责任方面给予适当协助，并应确保育儿机构、设施和服务的发展。

（3）缔约国应采取一切适当措施确保就业父母的子女有权享受他们有资格得到的托儿服务和设施。

练一练

依据联合国《儿童权利公约》，对儿童的养育和发展负有首要责任的是（　　）。

A. 国家　　B. 父母　　C. 学校　　D. 社会

解析：正确答案为B。《公约》第十八条规定，父母或者法定监护人对儿童的养育和发展负有首要责任。

4. 参与权

参与权是指儿童有参与家庭、文化和社会生活的权利，并有权对影响他们的任何事情发表意见。儿童的社会性参与不仅是他们基本的权利，还是他们成长和发展的基本需要。

《公约》包含一整套普遍商定的准则和义务，在追求一个公正、彼此尊重及和平的社会的过程中，将儿童放在中心位置。《公约》确立了世界各地所有儿童时时刻刻应享有的基本人权，并通过确立保健、教育、法律、公民和社会等方面的服务标准来保护儿童的权利。批准《公约》的国家有义务在采取行动和制定政策时考虑儿童的最大利益。

第二节 《中国儿童发展纲要（2021—2030 年）》

案例导入

全托幼儿小亮误把一金属物吞入腹中后，他随即告诉了保育员许阿姨，许阿姨观察了小亮几天没有发现异常，就把这事忘了。10 个月后，家长发现小亮走路时一瘸一拐，就带他到医院看病。经检查，医生发现小亮右下腹腔内有一针状金属异物，导致腰部的肌肉肿大，影响了他正常行走，所幸及时发现，否则后果不堪设想。小亮家长认为，孩子在幼儿园吞入异物后，园方既没有采取相应措施，也不告诉家长，损害了小亮的生命健康权，于是提出了赔偿要求。

问题：幼儿园该如何健全儿童伤害防控体系，避免此类事件再发生？

知识准备

一、《中国儿童发展纲要（2021—2030 年）》的颁布背景与意义

2021 年是“十四五”规划开局之年，又恰逢“两个一百年”奋斗目标的历史交汇期。在这样一个关键时期，国务院颁布了《中国儿童发展纲要（2021—2030 年）》（简称新儿纲），这是我国制定实施的第四个周期的儿童发展纲要。新儿纲提出了到 2030 年我国儿童和儿童事业发展的指导思想、基本原则和总体目标，从健康、安全、教育、福利、家庭、环境和法律保护七个领域共设置了 70 项主要目标和 89 项策略措施，是指导未来十年我国儿童和儿童事业发展的纲领性文件。

练一练

新颁布实施的《中国儿童发展纲要》，是我国颁布的第（　　）个周期的儿童发展纲要。

A. 1　　B. 2　　C. 3　　D. 4

解析：正确答案为 D。

二、《中国儿童发展纲要（2021—2030年）》的文本理解

（一）将立德树人作为主线贯穿始终

新儿纲在指导思想中明确提出“落实立德树人根本任务”，并将儿童思想道德素养水平显著提升纳入总体目标。在“儿童与教育”领域，新儿纲提出“全面落实立德树人根本任务，培养德智体美劳全面发展的社会主义建设者和接班人”的主要目标，在策略措施中进一步强调全面贯彻党的教育方针，培养儿童良好思想道德素质、法治意识和行为习惯。在“儿童与家庭”领域，提出通过发挥家庭立德树人第一所学校作用，培养儿童的好思想、好品行、好习惯，教育引导儿童践行社会主义核心价值观，厚植爱党爱祖国爱社会主义情怀，宣传弘扬好家风并用好家风培养熏陶儿童，将立德树人落实到家庭教育各方面。在“儿童与环境”领域，强调制作和传播体现社会主义核心价值观的精神文化产品、探索在网络空间开展儿童思想道德教育的新途径新方法、加强儿童媒介素养教育等内容。

新儿纲全文

（二）更加注重促进儿童全面发展

新儿纲把坚持促进儿童全面发展作为基本原则，强调要尊重儿童的人格尊严，遵循儿童身心发展特点和规律，保障儿童身心健康，促进儿童在德智体美劳各方面实现全面发展。

针对儿童身心健康需要长期关注的问题和新情况，新儿纲在“儿童与健康”领域就降低儿童死亡率、提高健康素养和儿童体质、改善儿童健康服务公平性与可及性，聚焦儿童健康服务体系、出生缺陷防治、营养和超重肥胖、近视、龋齿、体质健康、心理健康等重点问题提出目标，并制定相应措施。新增的“儿童与安全”领域，全面回应儿童安全面临的新情况、新问题，从降低儿童溺水、道路交通伤害等导致的死亡，保障儿童食品用品安全，预防和制止针对儿童的暴力，防治学生欺凌和沉迷网络，完善伤害防控工作体制机制等方面提出目标任务和策略措施。

在“儿童与教育”领域，新儿纲明确提出要“实施素质教育，完善德智体美劳全面发展的教育体系”。在继续强调提高学生思想道德素质和提升学生智育水平的基础上，更加突出强调体育、美育和劳动教育的内容，明

确提出要“坚持健康第一，深化体教融合，帮助学生磨炼坚强意志、锻炼强健体魄”“改进美育教学，提升学生审美和人文素养”“加强劳动教育，引导学生树立正确的劳动观，形成良好劳动习惯，培养勤俭、奋斗、创新、奉献的劳动精神”。

（三）更加注重学校家庭社会协同育人

做好儿童工作，办好儿童事业，实现儿童更好发展，家庭、学校、社会都有责任。新儿纲除了在“儿童与教育”领域明确提出“学校家庭社会协同育人机制进一步完善”的主要目标和“坚持学校教育与家庭教育、社会教育相结合”的策略措施外，还在其他多个领域坚持问题导向，大力推动家校社协同育人。

家庭是人们开启幸福生活、放飞人生梦想的起点，是国家发展、民族进步、社会和谐的重要基点。新儿纲贯彻落实习近平总书记关于注重家庭家教家风建设的重要论述和指示批示精神，及时回应当前我国家庭面临的问题挑战和需求期待，增设“儿童与家庭”领域，从发挥家庭立德树人作用、落实监护责任、树立科学育儿理念等方面进一步强化家庭履行主体责任的要求。同时，该领域还特别强调对家庭履职的支持保障，从支持家庭的法律法规政策、家长学校和家庭教育指导服务、对困境儿童及其家庭的支持、落实产假和生育津贴、探索实施育儿假等方面强化对家庭的支持。

加快发展普惠托育服务体系，已成为降低家庭生育养育成本、提高家庭生育意愿和养育能力，促进人口长期均衡发展的重要举措。为落实中央决策部署，推动三孩生育政策有效落地，切实加强家庭生育养育支持，新儿纲在“儿童与福利”领域明确提出“加快普惠托育服务体系建设，托育机构和托位数量持续增加”，并制定相应策略措施。

社会是协同育人的参与者，营造儿童友好的社会环境对促进儿童全面健康成长具有十分重要的作用。儿童友好是理念，更是实践，坚持儿童友好就是要充分保障儿童生存、发展、受保护和参与的权利，为儿童提供适宜的政策、空间、环境和服务。新儿纲通篇贯彻儿童友好的理念，在“儿童与环境”领域明确提出“建设儿童友好城市和儿童友好社区”，要求将儿童优先理念落实到公共政策制定、公共设施建设、公共服务供给各方面，进一步促进形成尊重、爱护儿童的社会环境。

网络已成为儿童生活不可或缺的组成部分，他们通过网络学习、娱乐，网络对儿童全面健康成长有着不可替代的显著影响。新儿纲在儿童与安全、教育、家庭、环境、法律保护等领域，从提供丰富的网络文化产品、营造良好网络环境、防治网络沉迷、严厉打击利用网络侵害儿童权益的违法犯罪行为等多个维度提出目标，并通过进一步健全完善未成年人网络保护的法规政策，推动政府相关部门落实未成年人网络保护监管责任，压实网络服务提供者主体责任，深入开展网络素养教育等具体举措，促进儿童健康成长。

练一练

为营造儿童健康成长的友好环境氛围，《中国儿童发展纲要（2021—2030 年）》提出了哪个主要目标？（　　）

A. 建设儿童友好城市和儿童友好社区

B. 进行课后补课

C. 私下收养孤儿

D. 孩子不听话就打骂

解析：正确答案为A。新儿纲在“儿童与环境”领域明确提出“建设儿童友好城市和儿童友好社区”。

（四）更加注重全方位保障儿童权益

为全力保障儿童特别是弱势儿童生存、发展、受保护和参与权利的实现，在“儿童与健康”领域，新儿纲强调加大对革命老区、民族地区、边疆地区和欠发达地区儿童健康事业发展投入力度，逐步实现基本妇幼健康服务均等化，加强对孤儿、流动儿童、留守儿童和困境儿童等重点人群的健康管理，促进心理健康发展。在“儿童与教育”领域，提出保障孤儿、事实无人抚养儿童、残疾儿童、农业转移人口随迁子女、留守儿童、困境儿童等特殊群体受教育权利的目标，并制定相应策略措施。在“儿童与福利”领域，从政策、服务、机制等多个维度为孤儿、事实无人抚养儿童、残疾儿童、流浪儿童、留守儿童等进一步织密织牢保护网底。健全基层儿童保护机制，落实针对困境儿童和受暴力伤害儿童的强制报告义务，并完善相关工作流程和工作机制。在“儿童与家庭”领域，将面向困境儿童及其家庭的支持和保障作为家庭政策的优先领域。在“儿童与环境”领域特别提出要为欠发达地区儿童、残疾儿童、困境儿童安全合理参与网络提供条件。

新儿纲更加注重从立法、执法、司法、普法等方面全方位保障儿童合法权益。在“儿童与法律保护”领域，积极回应当前社会各界高度关注的儿童监护以及性侵、拐卖、家庭暴力等问题，特别针对落实监护制度，禁止使用童工和保护未成年工，预防和依法严惩性侵害儿童、对儿童实施家庭暴力、拐卖儿童、利用网络侵犯儿童合法权益等违法犯罪行为，提出目标并制定相应策略措施。伴随新儿纲的深入实施，相关部门进一步落实主体责任，持续依法严厉打击侵害儿童权益违法犯罪行为，我国儿童权益将获得更加全面的法治保障。

总之，新儿纲站在新的历史起点上，为儿童和儿童事业发展擘画了美好前景。未来十年，我们要按照新儿纲提出的目标要求，进一步落实儿童优先原则，更加聚焦新时代儿童发展的新需求，全面提高儿童综合素质，培养造就德智体美劳全面发展的社会主义建设者和接班人，引领亿万儿童勇担新使命、建功新时代。

第三节 《中华人民共和国未成年人保护法》

案例导入

有个大班幼儿特别调皮，经常欺负小朋友，有时还偷偷跑到园外玩，害得老师到处找。与家长联系，回答是生意忙、顾不上。最后老师只好在组织活动时搬把小椅子让他坐在门后，规定他可以不听讲，但不能随便走动。

还有一个叫毛毛的孩子，爱动爱说，爱跟同伴打闹，老师为此很头痛。为了教育他，有一天老师让其站在小椅子，把两只胳膊举起来，站了 40 分钟。

问题：上面两个老师的做法是否违反了《中华人民共和国未成年人保护法》？

知识准备

一、《中华人民共和国未成年人保护法》的颁布背景与意义

《中华人民共和国未成年人保护法》（简称《未成年人保护法》）于 1991 年 9 月 4 日第七届全国人民代表大会常务委员会第二十一次会议通过，2006 年第一次修订，2012 年修正，2020 年第二次修订，2021 年 6 月 1 日起施行。青少年是祖国的未来和希望，他们关系着千家万户的幸福安康，关系着国家的前途命运，《未成年人保护法》的颁布填补了我国法治建设的一项空白，是为保护未成年人身心健康，保障未成年人合法权益，促进未成年人德智体美劳全面发展，培养有理想、有道德、有文化、有纪律的社会主义建设者和接班人，培养担当民族复兴大任的时代新人，根据宪法，制定的法律。

二、《中华人民共和国未成年人保护法》的文本理解

《未成年人保护法》全文

（一）法律原则

1991 年通过的《未成年人保护法》规定：在保护未成年人的工作中，应当遵循保障未成年人的合法权益、尊重未成年人

的人格尊严、适应未成年人身心发展的特点，以及教育与保护相结合的原则。2006年修订时，删除了第一项原则，保留了另外三项原则，并将原法第三项原则修改为“适应未成年人身心发展的规律和特点”。同时在第三条未成年人享有“四大权利”之后规定：“国家根据未成年人身心发展特点给予特殊、优先保护，保障未成年人的合法权益不受侵犯。”2020年修订通过的《未成年人保护法》，则在总则第四条明确规定“保护未成年人，应当坚持最有利于未成年人的原则”。这一原则不仅贯穿于《未成年人保护法》的方方面面，而且为明确家庭、学校、政府和社会等各方主体的责任提供了新的具体指引。

资料链接

《未成年人保护法》有利于未成年人的原则

保护未成年人，应当坚持最有利于未成年人的原则。处理涉及未成年人事项，应当符合下列要求：

（一）给予未成年人特殊、优先保护；

（二）尊重未成年人人格尊严；

（三）保护未成年人隐私权和个人信息；

（四）适应未成年人身心健康发展的规律和特点；

（五）听取未成年人的意见；

（六）保护与教育相结合。

练一练

未成年人保护工作应当遵循的原则不包括（　　）。

A. 尊重未成年人人格尊严

B. 保护与教育相结合

C. 儿童权利优先

D. 适应未成年人身心发展的规律和特点

解析：正确答案为C。参见《未成年人保护法》第四条规定。

（二）法律制度

1. 家庭方面

2006年《未成年人保护法》修订后，未成年人保护领域出现了一些新情况，面临新形势，比如监护人监护不力情况严重甚至存在监护侵害现象，校园安全和学生欺凌问题频发，密切接触未成年人行业的从业人员性侵害、虐待、暴力伤害未成年人问题时有发生，刑事案件中未成年被害人缺乏应有保护，等等。

2020年修订的《未成年人保护法》对监护人义务的规定落细落实，规定父母离婚时，要“听取有表达意愿能力未成年人的意见”。规定父母或者监护人委托他人行使监护权时，要与未成年人、被委托人至少每周联系和交流一次，了解未成年人的生活、学习、心理等情况，并给予未成年人亲情关爱。同时，强化了监护人的第一责任人意识，并规定“未成年人的父母或者其他监护人应当为未成年人提供安全的家庭生活环境，及时排除引发触电、烫伤、跌落等伤害的安全隐患；采取配备儿童安全座椅、教育未成年人遵守交通规则等措施，防止未成年人受到交通事故的伤害；提高户外安全保护意识，避免未成年人发生溺水、动物伤害等事故”。

2. 学校方面

一方面，2020年修订的《未成年人保护法》从用人制度上作出了具体规定。如，密切接触未成年人的单位录用查询及每年定期查询两项具体制度，发现应聘者、工作人员具有违法犯罪记录的，应当不录用、及时解聘。密切接触未成年人的单位未履行查询义务，或招用、继续聘用具有相关违法犯罪记录人员的，责令其限期改正，给予警告，并处五万元以下罚款。另一方面，《未成年人保护法》强调学校的育人功能，强化学校的法治宣传教育责任，与“道德与法治”学科内容相呼应。如其规定，学校应当建立未成年学生保护工作制度，健全学生行为规范，培养未成年学生遵纪守法的良好行为习惯。

3. 政府方面

保障未成年人健康成长，国家监护是除家庭之外的重要一环。国家对未成年人身心健康和全面发展负有最终责任，当未成年人存在问题时应当采取最有利于未成年人的措施。2020年修订的《未成年人保护法》规定，国家机关、居民委员会、村民委员会、密切接触未成年人的单位及其工作人员，在工作中发现未成年人身心健康受到侵害、疑似受到侵害或者面临其他危险情形的，应当立即向公安、民政、教育等有关部门报告，未成年人的身心健康成为全社会共同的责任。与此同时，该法明确各级政府应当建立未成年人保护工作协调机制，细化政府及其有关部门的职责，并对国家监护制度作出详细规定。父母或者其他监护人是未成年人监护的第一责任人，当其无法或者不能履行监护职责时，由国家介入和补位。《未成年人保护法》在“政府保护”“司法保护”“法律责任”三章中对此作出了一系列措施安排，完善了未成年人监护制度基本框架，有利于为未成年人健康成长保驾护航。

案例分享

集体活动受伤害

某市一家娱乐公司与该市体育场的后勤服务公司联合，利用体育场的大门口空地设置大型充气玩具，开展经营性的娱乐活动。由于体育场的地理位置偏僻，为吸引更多的游客，娱乐公司请电视台为他们做宣传广告。因为拍摄中需要一些幼儿配合，经一位家长介绍，娱乐公司经理与体育场后勤服务公司的人员就一同来到某幼儿园，请该园承担此项任务。园长明确提出，必须在保证幼儿安全的情况下才可帮忙。对方承诺安全由他们负责。

一天下午，体育场派车将该园大班、中班幼儿共70余人接到游乐场。场内设有九件大型玩具，每件由一位工作人员维护安全。园长仔细看过后，提出有几件玩具只有一人看护是不够的，但娱乐公司的经理说没有问题。园长只得让随同前来的几位老师也参加孩子的保护工作。在拍摄从高处的充气房间跳向下面的一匹充气马时，一位女孩跳到马背上弹了下来，正砸在周围一名男孩身上。男孩的胳膊疼得抬不起来。园长马上和游乐场的领导一同把男孩送到了医院。诊断结果是，男孩骨折。游乐场承担了医药费和车费。后来，当家长提出要游乐场承担男孩后遗症的责任时，游乐场要求幼儿园也承担一定的费用，但幼儿园拒绝了。

幼儿园作为实施保育教育的机构，有时会组织幼儿到社会上参加一些活动。在园外活动中，无论是幼儿园方面还是社会活动的组织者或场地的管理者，都要严格遵守有关幼儿园和未成年人的安全卫生方面的法律要求，防止发生事故。我国《未成年人保护法》第三十五条明确规定："学校、幼儿园安排未成年人参加文化娱乐、社会实践等集体活动，应当保护未成年人的身心健康，防止发生人身伤害事故。"可见，在组织幼儿参加园外活动期间，幼儿园也担负着一定的保护幼儿安全的义务。

贯彻精神

党的二十大报告指出，要"坚持以人民为中心发展教育，加快建设高质量教育体系，发展素质教育，促进教育公平。加快义务教育优质均衡发展和城乡一体化，优化区域教育资源配置，强化学前教育、特殊教育普惠发展，坚持高中阶段学校多样化发展，完善覆盖全学段学生资助体系"①。

未成年人群体是受教育的主要群体，接受教育是未成年人的权利，国家推出多种举措保护未成年人的受教育权。作为即将走上保教岗位的学生，我们在未来的工作中也要自觉维护未成年人的受教育权等各项权利。

4. 网络保护方面

网络空间作为家庭、学校、社会等现实世界的延伸，已经成为未成年人成长的新环境。《未成年人保护法》增设"网络保护"专章，对网络保护的理念、网络环境管理、相关企业责任、网络信息管理、个人网络信息保护、网络沉迷防治等作出全面规范，力图实现对未成年人的线上线下保护。

一是首次在法律层面对预装未成年人上网保护软件作出了规定，要求

① 习近平．高举中国特色社会主义伟大旗帜 为全面建设社会主义现代化国家而团结奋斗——在中国共产党第二十次全国代表大会上的报告 [R]. 北京：人民出版社，2022：34.

学校、社区、图书馆、文化馆、青少年宫等场所为未成年人提供的互联网上网服务设施，应当安装未成年人网络保护软件或者采取其他安全保护技术措施。

新修订的《未成年人保护法》亮点

二是首次提出了“网络素养”的概念，明确规定国家、社会、学校和家庭应当加强未成年人网络素养宣传教育，培养和提高未成年人的网络素养，增强未成年人科学文明安全合理使用网络的意识和能力。

三是强调保护未成年人的个人信息，对反欺凌作了专门规定，强调任何组织或者个人不得通过网络以文字、图片、音视频等形式，对未成年人实施侮辱、诽谤、威胁或者恶意损害形象等网络欺凌行为。

一颗永不磨灭的中国心

知识检测

一、单选题

1.第一部有关保障儿童权利且具有法律约束力的国际性约定是（　　）。

A.《儿童权利宪章》

B.《儿童权利宣言》

C.《儿童权利公约》

D.《儿童生存、保护和发展世界宣言》

2.依据联合国《儿童权利公约》，对儿童的养育和发展负有首要责任的是（　　）。

A.国家　　B.父母　　C.学校　　D.社会

3.为进一步推动解决儿童面临的人身安全问题，注重家庭家教家风建设，《中国儿童发展纲要（2021—2030年）》新增了（　　）两个发展领域。

A.健康和教育　　B.家庭和福利　　C.环境和法律　　D.安全和家庭

4.学校、幼儿园的教职员应当尊重未成年人的（　　），不得对未成年学生和儿童实施体罚、变相体罚的行为。

A.个人意愿　　B.人格尊严　　C.人身自由　　D.兴趣爱好

5.幼儿萌萌午休时不睡觉还发出吵闹的声音，何老师把她关在厕所里，以免影响其他幼儿休息。何老师的做法（　　）。

A.不正确，侵犯了幼儿的人身权利和人格尊严
B.不正确，侵犯了幼儿的思想自由和受教育权利
C.正确，有利于保障其他幼儿午间休息的权利
D.正确，有利于引导萌萌养成良好的生活习惯

二、材料分析题

中班幼儿馨馨的左手臂先天发育不良，协调能力和运动能力都弱于其他幼儿，馨馨很喜欢唱歌跳舞，但每当要登台表演她都会默默地退出。幼儿园一年一度的艺术节就要开幕，王老师特意编排动作与队形相对简单的舞蹈“蓝精灵”，鼓励馨馨加入。排练中，连续几个八拍跳下来，馨馨有些手忙脚乱。王老师放慢速度，并降低动作要求，可馨馨的动作仍然不到位。馨馨有些焦急，王老师对馨馨说：“不要急，你已经跳得很好了，老师陪你慢慢跳。”馨馨点点头，跳得更认真了。可几个孩子却抱怨着：“老师，馨馨总是撞到我！”“老师，馨馨跳得太慢了！”……旁边的李老师也说：“直接安排馨馨参加大合唱不是更简单吗？”王老师摇摇头说：“馨馨比任何孩子都更在乎跳舞，我一定要帮她做到。”王老师随后对孩子们说：“你们知道吗？蓝精灵正是因为善良、勇敢，又相互关心，才最终打败格格巫的。我们要像蓝精灵一样互帮互助，才能跳好舞蹈。”艺术节如期而至，馨馨和孩子们在舞台上欢快地舞动。

问题：请结合材料，从教育观的角度，评析王老师的教育行为。

实践活动

我是法官

[活动目的]

使学生学会运用教育政策与法规解决教学真实案例中的问题。

[活动准备]

（1）全班同学分成若干小组（5～6人一组）。

（2）各组成员分工，收集保教人员道德缺失的真实案例，以及最新的相关法律法规。

[活动过程]

分组进行，每一组都选出3名代表，依次发言。

（1）一人"陈述案例"，要将案例的时间、地点、起因、经过和结果叙述清楚。

（2）一人"陈述法规"，要找出最适合、最适用的最新法规条文进行陈述。

（3）一人"宣判"，要根据案例情况，分析该"陈述法规"是否适用该"陈述案例"，必要时可与组内其他同学探讨。

[活动总结]

活动完成后，每人完成一篇总结。分享通过这些案例的学习，你最大的感受。案例中的保教人员除了违反了法律规定，还违反了哪些保教人员职业道德原则？你将来从事保教工作后会怎样做？

第四章

保育与教育的实施

学习起航

学前儿童正处在生长发育的关键时期，身体、心理发育尚未完善，外界因素很容易影响他们的身体健康和智力发育。幼儿园是广大学前儿童生活的重要场所，幼儿的健康成长需要幼儿园的保育和教育，幼儿园既要提供优质的卫生保健服务，也要对幼儿进行科学的养育和教育。本章我们就来了解和保育与教育的实施相关的政策法规。

学习目标

素质目标：

1. 了解幼儿的多个学习领域，全面看待问题。

2. 了解家园共育，在学习、生活和工作中学会与他人合作。

知识目标：

1. 了解《幼儿园教育指导纲要（试行）》《3～6岁儿童学习与发展指南》《托儿所幼儿园卫生保健工作规范》《幼儿园保育教育质量评估指南》的颁布背景和意义。

2. 理解《幼儿园教育指导纲要（试行）》《3～6岁儿童学习与发展指南》《托儿所幼儿园卫生保健工作规范》《幼儿园保育教育质量评估指南》对保育与教育实施的具体规定。

能力目标：

能够运用《幼儿园教育指导纲要（试行）》《3～6岁儿童学习与发展指南》《托儿所幼儿园卫生保健工作规范》《幼儿园保育教育质量评估指南》对相关案例进行分析，并指导保教工作。

第一节 《幼儿园教育指导纲要（试行）》

案例导入

某幼儿园小班开展家长参观日。这一天，幼儿有一项活动是双脚并拢、跳过横在地上的一个接一个的长条积木。过去家长只是看看，为孩子拍手鼓励，活动结束就完了。后来幼儿园让家长有目的地观察之后，效果就大不一样了，如让家长看孩子跳时是双脚并拢的还是单脚跨的，跳过去后是站稳的还是站不稳的，跳过一条积木后是接着跳下去还是要重新调整一下再跳，等等。通过这些观察，家长很容易就能发现孩子动作的发展水平，然后与教师商量回家后如何个别辅导。如有的家长看到孩子的问题是大肌肉发展不好，就与教师商量办法，回家后不再抱孩子上楼梯，而让他自己走；孩子跳跃后站不稳，是动作协调、平衡不好，在接送孩子时要让其多自己走，少坐车，回家后可在地上画一条线，让孩子做沿线走的游戏，等等。这样家庭教育与幼儿园课程内容扣在一起，教师与家长共同制订训练计划，大大提高了教育的整体效果。

问题：《幼儿园教育指导纲要（试行）》中是否有对家园合作的相关要求？

知识准备

一、《幼儿园教育指导纲要（试行）》的颁布背景与意义

为贯彻《中华人民共和国教育法》《幼儿园管理条例》《幼儿园工作规程》，指导幼儿园深入实施素质教育，2001 年 7 月 2 日，教育部颁发了《幼儿园教育指导纲要（试行）》（简称《纲要》），这标志着我国学前教育改革迈进了一个新阶段。

《纲要》是在我国几十年幼儿教育改革探索的基础上总结的理论和经验，是指导广大幼儿教师将《幼儿园工作规程》的教育思想和观念转化为教育行为的指导性文件。它揭示出学前教育应有的核心价值追求，倡导尊

重幼儿、保障幼儿权利、促进幼儿全面和谐发展的儿童观。它的推出不仅是我国学前教育界的一件大事，也是我国学前教育改革的一个主要标志。

二、《幼儿园教育指导纲要（试行）》的文本理解

（一）总则

《纲要》的第一部分是“总则”，其精神贯穿《纲要》全文。总则共有五条，第一条说明了制定《纲要》的依据、原因、目的。从中可以看出，《纲要》是为了更好地贯彻落实以《中华人民共和国教育法》为首的一系列教育法规，特别是《幼儿园管理条例》和《幼儿园工作规程》而制定的，可以说《纲要》是《幼儿园工作规程》的下位文件，《幼儿园工作规程》涉及的面很广且比较宏观，《纲要》则只将其第四章“幼儿园的教育”的内容展开并具体化，以在《幼儿园工作规程》与教育实践层面之间搭起过渡的桥梁。

《纲要》全文

第二条说明了我国幼儿园教育的性质和根本任务，即幼儿园教育是“基础教育的重要组成部分，是我国学校教育和终身教育的奠基阶段”，其根本任务则是“为幼儿一生的发展打好基础”。

第三条规定了我国幼儿园教育的外部原则，即幼儿园必须适应社会的变化，在更新“教育资源”概念的基础上充分地利用外部资源，与家庭、社区等密切合作，共享资源，办更加开放的、社会化的幼儿教育，以推动教育社会化、社会教育化的进程。

第四条指出了幼儿园教育自身的特点，即幼儿园不同于小学的特点，强调幼儿园是通过创设健康、丰富的生活和活动环境来帮助幼儿学习的，幼儿是通过在环境中与他人共同生活来获得经验的，他们在生活中发展，在发展中生活，而不像小学生那样主要通过学科教学来获得间接知识。

第五条规定了幼儿园教育的内部原则，即幼儿园教育过程中必须遵循的基本规则，如尊重幼儿的人格和权利，尊重幼儿身心发展的规律和学习特点，以游戏为基本活动，保教并重，关注个别差异等，并提出了“促进每个幼儿富有个性的发展”的要求。

（二）内容与要求

《纲要》的第二部分“教育内容与要求”，将幼儿学习的范畴按学习领

域相对划分为广大教师所熟悉的健康、语言、社会、科学和艺术等五个领域，并同时强调“各领域的内容相互渗透，从不同的角度促进幼儿情感、态度、能力、知识、技能等方面的发展”。《纲要》在对每一领域进行阐述时，均包含“目标”“内容与要求”“指导要点”三部分。各部分功能各有侧重，“目标”部分主要表明该领域重点追求什么，它主要的价值取向何在。“内容与要求”部分则说明了为实现教育目标，教师应该做什么、该怎样做，与此同时，将该领域教育的内容自然地负载其中。“指导要点”主要的功能有二：一是点明该领域的教和学的特点；二是点明该领域应当特别注意的有普遍性的问题。下面以科学领域为例进行介绍。

1.科学领域目标

（1）对周围的事物、现象感兴趣，有好奇心和求知欲。

（2）能运用各种感官，动手动脑，探究问题。

（3）能用适当的方式表达、交流探索的过程和结果。

（4）能从生活和游戏中感受事物的数量关系并体验到数学的重要和有趣。

（5）爱护动植物，关心周围环境，亲近大自然，珍惜自然资源，有初步的环保意识。

2.科学领域内容与要求

（1）引导幼儿对身边常见事物和现象的特点、变化规律产生兴趣和探究的欲望。

（2）为幼儿的探究活动创造宽松的环境，让每个幼儿都有机会参与尝试，支持、鼓励他们大胆提出问题，发表不同意见，学会尊重别人的观点和经验。

（3）提供丰富的可操作的材料，为每个幼儿都能运用多种感官、多种方式进行探索提供活动的条件。

（4）通过引导幼儿积极参加小组讨论、探索等方式，培养幼儿合作学习的意识和能力，学习用多种方式表现、交流、分享探索的过程和结果。

（5）引导幼儿对周围环境中的数、量、形、时间和空间等现象产生兴趣，建构初步的数概念，并学习用简单的数学方法解决生活和游戏中某些简单的问题。

（6）从生活或媒体中幼儿熟悉的科技成果入手，引导幼儿感受科学技术对生活的影响，培养他们对科学的兴趣和对科学家的崇敬。

（7）在幼儿生活经验的基础上，帮助幼儿了解自然、环境与人类生活的关系。从身边的小事入手，培养初步的环保意识和行为。

练一练

桌面上一边摆了3块积木，另一边摆了4块积木，教师问："一共有几块积木？"从幼儿的下列表现来看，数学能力发展水平最高的是（　　）。

A.把前3块积木和后4块积木放在一起，然后一个一个点数

B.看了一眼3块积木，说出"3"，暂停一下，接着数"4,5,6,7"

C.左手伸出3根手指，右手伸出4根手指，暂停一下，说出7块

D.幼儿先看了3块积木，后看了4块积木，暂停一下，说出7块

解析：正确答案为D。幼儿数概念的形成过程从感知动作开始，幼儿计数，不但要用眼睛看，而且还要动手去数，A、B、C选项中都体现了幼儿动手数数的过程。只有D选项摆脱感知直接进行口头计算了，故D选项正确。

3.科学领域指导要点

（1）幼儿的科学教育是科学启蒙教育，重在激发幼儿的认识兴趣和探究欲望。

（2）要尽量创造条件让幼儿实际参加探究活动，使他们感受科学探究的过程和方法，体验发现的乐趣。

（3）科学教育应密切联系幼儿的实际生活进行，将身边的事物与现象作为科学探索的对象。

（三）组织与实施

《纲要》的第三部分是"组织与实施"。其十一项条目中贯穿着尊重幼儿的权利，尊重教师的创造，尊重幼儿在学习特点、发展水平、个性特征等方面的差异，尊重幼儿身心发展的客观规律，尊重教育、教学的客观规律等理念与观点，突出了幼儿园教育组织实施中的教育性、互动性、开放

性、针对性、灵活性等原则。

第一条指出了幼儿园教育的服务对象是全体幼儿，“要为每一个儿童，包括有特殊需要的儿童提供积极的支持和帮助”；第二条指出了幼儿园教育活动的含义；第三条指出了教师组织和实施幼儿园教育活动的原则，即要根据幼儿园的实际情况因地制宜，灵活变化；第四条指出了幼儿园教育活动目标确定的依据；第五条指出了幼儿园教育活动内容选择的依据和原则；第六条、第七条指出了幼儿园教育活动组织应遵循的规律和组织形式的选择；第八条指出了幼儿园物质环境、社会环境和心理环境的重要性，以及如何创设和利用，倡导幼儿园与家庭、社区密切合作；第九条指出了如何“科学、合理地安排和组织一日生活”；第十条指出了教师在幼儿学习活动中应扮演的角色，即“支持者、合作者、引导者”；第十一条特别指出幼儿园教育“要与 0 ～ 3 岁儿童的保育教育以及小学教育相互衔接”，做好托幼衔接和幼小衔接。

（四）教育评价

《纲要》的第四部分是关于幼儿园教育工作的评价。《纲要》将幼儿园教育评价的功能界定为：“是了解教育的适宜性、有效性，调整和改进工作，促进每一个幼儿发展，提高教育质量的必要手段。”《纲要》还指出：“评价的过程，是教师运用专业知识审视教育实践，发现、分析、研究、解决问题的过程，也是其自我成长的重要途径。”同时，《纲要》提出了评价的发展性、合作性、标准的多元性以及多角度、多主体、多方法、重视过程、重视差异、重视质性研究等原则。明确规定了评价是为了幼儿的发展、教师的反思性成长和教育质量的提高。这就是说，幼儿园评价绝非用于筛选、排队，更不是用于给幼儿贴标签，伤害他们的自尊和自信，给他们的成长蒙上阴影。《纲要》在这一基点上分别明确指出了评价教育工作和评价幼儿发展状况的具体原则和注意事项。

第二节 《3～6岁儿童学习与发展指南》

案例导入

在开始制作面具的区域活动时，老师提供的是现成的白色面具。小朋友们在面具上用颜料涂色，玩得很开心。可是现成的白色面具不多，有的小朋友没有可涂画的面具，嘴巴噘得老高。老师就引导小朋友找找看，有什么东西可以做成面具。于是，甲小朋友从废纸篓里拿出了老师刚刚丢掉的塑料帽子，用剪刀剪了两个眼睛，随后又用颜料涂色，不久便画出了一个小丑，一下子惊呆了大家。马上，其他小朋友也在教室里东看看、西看看，找出了各种制作面具的材料，如可乐瓶、纸……就这样，废旧的材料和暂时不用的东西都用于制作面具。他们还不过瘾，还要求老师给他们拍照。整个活动是从小朋友制作面具的愿望出发，而面具的涂色原本就留给了孩子们很大的操作空间。由于没有足够的材料保证每个小朋友都可以制作面具，那么就需要小朋友自己找材料。小朋友找到的材料，只要是可以放在脸上变成面具的，老师都要加以肯定和支持。最后，出现了小朋友们找出了各种各样的材料，并用这些材料来制作面具的场景。

问题：案例中老师的做法是否符合《3～6岁儿童学习与发展指南》的要求？

知识准备

一、《3～6岁儿童学习与发展指南》的颁布背景与意义

为贯彻落实《国家中长期教育改革和发展规划纲要（2010—2020年）》和《国务院关于当前发展学前教育的若干意见》，指导幼儿园和家庭实施科学的保育和教育，促进幼儿身心全面和谐发展，教育部基教司借助联合国“遍及全球”项目（Going Global Project）的契机，从2006年开始与儿童基金会合作，组织我国幼儿发展与教育方面的专家着手研制以家长和教师为主要使用对象的《3～6岁儿童学习与发展指南》（简称《指南》），于

2012年10月9日正式颁发。《指南》基于3～6岁儿童的身心发展规律与学习特点，在对我国幼儿学习与发展状况进行调查研究的基础上研制了一整套比较科学、明确、具体的目标与教育建议，体现了国家对我国3～6岁儿童学习与发展的方向引导和质量要求，反映了对3～6岁儿童学习与发展水平的合理期望，是引导我国3～6岁儿童学习与发展方向的指导性文件。

练一练

> 《3～6岁儿童学习与发展指南》是（　　）年颁布的。
>
> A. 2001　　B. 2010　　C. 2011　　D. 2012
>
> 解析：正确答案为B。

二、《3～6岁儿童学习与发展指南》的文本理解

（一）《指南》的基本结构与框架

《指南》从五个领域描述幼儿学习与发展，分别是健康、语言、社会、科学、艺术。每个领域按照幼儿学习与发展最基本、最重要的内容划分为若干方面。每个方面分为两个部分。一是学习与发展目标，分别对3～4岁、4～5岁、5～6岁三个年龄段末期幼儿应该知道什么、能做什么、大致可以达到什么发展水平提出了合理期望，共32个目标。二是教育建议，根据幼儿的学习与发展目标，针对当前学前教育普遍存在的困惑和误区，列举了一些能够有效帮助和促进幼儿学习与发展的教育途径及方法，同时也指出了错误做法对幼儿终身发展的危害，为广大家长和幼儿园教师提供了具体、可操作的指导，共87条教育建议。

（二）《指南》突出的教育理念

1. 幼儿是积极主动的学习者

促进幼儿学习与发展最重要的是要为幼儿创造机会和条件，注重激发和保护幼儿的求知欲和学习兴趣，调动幼儿学习的积极性和主动性，鼓励、支持与引导幼儿去主动探究和学习。

《指南》全文

2. 珍惜童年生活的独特价值

要充分认识生活和游戏对幼儿成长的教育价值，把握蕴含其中的教育契机，让幼儿在一日生活中，在与同伴和成人的交往中感知体验，分享合

作，享受快乐。

3. 尊重幼儿的学习方式和学习特点

要最大限度地满足和支持幼儿通过直接感知、实际操作与亲身体验获取经验的需要，严禁“拔苗助长”式的超前教育和强化训练。

4. 尊重幼儿发展的个体差异

幼儿的学习方式和发展速度各有不同，在不同学习与发展领域的表现也存在明显差异。孩子年龄越小，个体差异就越明显。成人不应要求孩子在统一的时间内达到相同的水平，应允许幼儿按照自身的速度和方式到达《指南》所呈现的发展“阶梯”，不用一把“尺子”衡量所有幼儿。

5. 重视家园共育

强调重视家庭教育对幼儿终身学习和发展的重要影响，倡导建立良好的亲子关系，创设平等、温馨的家庭环境，注重家长对孩子言传身教和潜移默化的影响。只有家长和幼儿园共同努力，才能有效地促进幼儿身心健康成长，否则就会事倍功半。

家园共育

（三）“五大领域”相关解读

1. 健康领域

从幼儿身心状况、动作发展、生活习惯与生活能力三个方面，着重强调了三点：一是幼儿积极、健康的身心状况不仅指身体健康，也包括心理健康；二是身体动作和手的精细动作发展；三是具有良好的生活与卫生习惯、基本的生活自理能力和自我保护能力。

漫画版《指南》

在具体的教学过程中，为幼儿提供合理均衡的营养、充足的睡眠、适宜的锻炼和有规律的生活，让幼儿充分感受到亲情和关爱，保持愉快的情绪，形成安全感和信赖感。反对成人过度保护和包办代替，使幼儿养成过于依赖的不良习惯。

2. 语言领域

从倾听与表达、阅读与书写准备两个方面，提出了六个目标。强调语言领域重点在于培养幼儿的口语交流能力，培养幼儿的阅读兴趣、习惯以及初步的阅读理解能力。在具体的教学过程中，强调要积极为幼儿提供与同伴和成人交流的机会，提供丰富、适宜的低幼读物，经常和幼儿一起看图书、讲故事。强调要在生活情境和阅读活动中激发幼儿对文字的兴趣，反对通过机械记忆和强化训练过早识字。

3. 社会领域

从人际交往和社会适应两个方面，着重强调了三点：一是培养幼儿的交往愿望与交往能力；二是学习自尊、自信和自主；三是关心和尊重他人，逐步适应群体生活，遵守基本的行为规范。

在具体的教育过程中，为幼儿创设温暖、关爱和平等的家庭与集体生活氛围，建立良好的亲子关系、同伴关系和师生关系。强调幼儿的社会性是在日常生活和游戏中通过观察和模仿潜移默化地发展起来的，成人的榜样作用至关重要。

4. 科学领域

从科学探究和数学认知两个方面，提出了六个目标。强调幼儿的科学学习应注重激发幼儿的探究兴趣，体验探究过程，培养初步的探究能力；幼儿的数学学习应注重在生活和游戏中感知数学的有用和有趣，初步理解数量关系、形状与空间关系，培养初步的逻辑思维能力。

在具体的教学过程中，强调成人要善于发现和保护幼儿的好奇心、求知欲，注重探究过程，引导幼儿通过观察、比较、操作、实验等方法，学习发现问题、分析问题和解决问题。反对提前学习小学教育内容，反对强化训练某些知识和技能。

案例分享

激发幼儿探究兴趣

一天，老师在美工区投放了橡皮泥，鼓励小朋友捏出各种有趣的小动物。小明拿起一块橡皮泥，来到自然角的鱼缸边。老师急切地走过来询问：“你想喂鱼吗？”小明说：“我想让橡皮泥漂起来。”老师提出了建议：“老师给你再打一盆水，咱们别打扰小鱼行吗？”小明欣然接受，开始了自己的实验。

他把橡皮泥团成球放进水里，橡皮泥沉了下去。

他把橡皮泥压成薄薄的饼状放进水里，橡皮泥又沉了下去。

他把橡皮泥搓成细长条放进去，橡皮泥还是沉了下去。

他停下来开始思考……

这次，他把橡皮泥扯成一粒一粒放进水里，结果橡皮泥还是沉了下去。

他开始环顾四周，拿了一张纸，使劲地揉成一个纸球，把橡皮泥糊在纸球的外面，橡皮泥终于浮了起来。

他高兴地跳了起来，跑向老师报告他的成功。

《指南》科学探究的目标一是“亲近自然，喜欢探究”。乍看小明在“开小差”，且不遵守游戏规则，拿着美工区的橡皮泥来自然角活动，但实则每个孩子的兴趣点不同，需要教师的理解、接纳和支持。老师适时地端出一盆水，既没有打扰小鱼又满足了小明探究的欲望，可谓一举两得。在小明拿着橡皮泥不断地尝试让它浮起来的过程中，我们看到了他的坚持，还有这一发现带给他的快乐。

5. 艺术领域

从感受与欣赏、表现与创造两个方面，强调让幼儿学会发现和感受自然界与生活中美的事物，让幼儿欣赏多种艺术形式和作品，萌发对美的感受和体验；鼓励和支持幼儿自发的艺术表现和创造，培养初步的艺术表现能力与创造能力。

在具体的教学过程中，着重强调要在日常生活中激发幼儿对美的感受和体验；要充分理解和尊重幼儿的艺术想象、表现和创造，不用成人的审美标准去评判幼儿，不追求技能训练。

《指南》的实施原则

练一练

《3～6岁儿童学习与发展指南》从(　　)个领域描述幼儿的学习与发展。

A. 2　　B. 3　　C. 4　　D. 5

解析：正确答案为D。《指南》从健康领域、语言领域、社会领域、科学领域、艺术领域五大领域描述幼儿的学习与发展。

第三节 《托儿所幼儿园卫生保健工作规范》

案例导入

2021 年 3 月 30 日，××市××区卫生计生综合监督所执法人员对某民办托幼机构进行日常监督检查时发现，该幼儿园不能提供 3 月份幼儿晨午检记录、因病缺勤追踪记录，小（1）班通风消毒记录最后登载时间为 3 月 25 日，存在未严格按照《托儿所幼儿园卫生保健工作规范》开展卫生保健工作的情况。执法人员曾于 2021 年 1 月针对该单位幼儿晨午检记录、因病缺勤追踪记录，以及公共区域通风消毒不规范问题下达过责令改正的卫生监督意见书，责令该单位立即改正。

问题：《托儿所幼儿园卫生保健工作规范》对保教机构的指导意义有哪些？

知识准备

一、《托儿所幼儿园卫生保健工作规范》的颁布背景与意义

2012 年 5 月 9 日，卫生部将《托儿所幼儿园卫生保健制度》修订完成，并将其更名为《托儿所幼儿园卫生保健工作规范》（简称《规范》）。《规范》以相关法律、法规为依据，全面涵盖托儿所、幼儿园（简称托幼机构）的卫生保健工作管理和服务内容，强调科学性、可行性和可操作性。

《规范》的实施具有重要意义。

首先，它规范了全国托幼机构卫生保健技术服务和管理工作，指明了今后托幼机构卫生保健工作发展的趋势和方向。

其次，它使托幼机构卫生保健工作常规化、制度化，提高了各级妇幼保健机构对托幼机构卫生保健工作的指导水平，保障儿童的身心健康，促进儿童的全面发展。

最后，它完善了托幼机构卫生保健的工作内容，明确了托幼机构卫生保健服务的范围和技术要求，为提高托幼机构卫生保健工作质量，规范各类托幼机构卫生保健工作人员的服务和管理水平打下基础。

二、《托儿所幼儿园卫生保健工作规范》的文本理解

（一）卫生保健工作职责

《规范》明确了托幼机构、妇幼保健机构及相关职能部门的工作职责。对妇幼保健机构在托幼机构卫生保健工作管理上的职责明确细化，方便各级妇幼保健机构和托幼机构在实际工作中进行操作；有利于规范各级、各类托幼机构卫生保健工作的实施，更好地促进群体儿童卫生保健工作的开展。同时，《规范》增加了“卫生保健工作职责”这一部分，明确了托幼机构、妇幼保健机构及相关职能部门的工作职责。

《规范》全文

（二）卫生保健工作内容与要求

1. 一日生活安排

一日生活安排包括制定合理的生活制度、合理安排儿童作息时间、保障儿童每日充足的户外活动时间、根据儿童的年龄特点与托幼机构的服务形式合理安排每日进餐和睡眠时间、严格执行一日生活制度等内容。一日生活安排清晰、详细、有条理地说明了合理的生活制度是保障儿童身心健康的重要因素，使得《规范》的可操作性更强。

2. 儿童膳食

《规范》膳食管理的七个条目中，有五条均提到了膳食的质量要求。另外，要创设良好的就餐环境，培养儿童良好的进餐习惯。在膳食营养方面，合理营养是健康膳食的主要目标，《规范》指出：“根据膳食计划制订带量食谱，1～2周更换一次。”托幼机构可以成立有家长参与的食谱制订小组和伙食管理委员会，听取各方意见，不断提高膳食质量。另外，保健老师要定期计算每日膳食中各种营养素的供给量，制订食谱。同时，科学烹调对食物的消化、吸收、利用和提高其营养价值均有重要作用。《规范》指出：“在主副食的选料、洗涤、切配、烹调的过程中，方法应当科学合理，减少营养素的损失，符合儿童清淡口味，达到营养膳食的要求。”此外，儿童营养是否充分，不仅与膳食结构、原材料质量有关，还与烹调过程及技巧有关，因此应根据儿童的膳食心理特点调配和烹饪食物，定期做好膳食调查和营养评估，保证托幼机构的膳食质量。

资料链接

平衡膳食八准则

《中国居民膳食指南（2022）》提炼出了平衡膳食八准则。

准则 1：食物多样，合理搭配

准则 2：吃动平衡，健康体重

准则 3：多吃蔬果、奶类、全谷、大豆

准则 4：适量吃鱼、禽、蛋、瘦肉

准则 5：少盐少油，控糖限酒

准则 6：规律进餐，足量饮水

准则 7：会烹会选，会看标签

准则 8：公筷分餐，杜绝浪费

一图读懂《中国居民膳食指南（2022）》

3. 体格锻炼

《规范》指出："托幼机构应当根据儿童的年龄及生理特点，每日有组织地开展各种形式的体格锻炼，掌握适宜的运动强度，保证运动量，提高儿童身体素质。"随着托幼机构环境的不断改善，儿童户外活动逐渐增加，活动场所面积逐渐增大，在户外活动场所中，大型玩具的造型新颖、色彩鲜艳、玩法有趣，使活动时兴奋忘形、缺乏自我保护能力的儿童极易发生意外伤害，因此大型玩具场所发生意外伤害的概率明显高于其他场所。对此，《规范》指出："保证儿童室内外运动场地和运动器械的清洁、卫生、安全，做好场地布置和运动器械的准备。定期进行室内外安全隐患排查。"《规范》还指出，要做好运动前、运动中和运动后的准备及观察工作，避免运动伤害，同时全面了解儿童健康状况，根据幼儿的不同情况制订不同的锻炼计划。

4. 健康检查

（1）儿童健康检查。

儿童健康检查包括入园（所）健康检查、定期健康检查、晨午检及全日健康观察各方面。首先，《规范》对儿童入园（所）作了具体要求。强调儿童入园（所）前应在医疗卫生机构，按照《管理办法》规定的项目开展健康检查，不得违反规定擅自改变健康检查项目。其次，《规范》明确了儿童定期健康检查的内容，具体规定了儿童定期检查的项目、每年检查的次数，以及离园和转园儿童健康检查的要求，并对儿童的晨午检及全日健康观察和托幼机构的药品管理提出了明确要求。

（2）工作人员健康检查。

托幼机构工作人员健康检查包括上岗前健康检查和定期健康检查。定期健康检查是保障托幼机构工作人员健康的必需途径。

练一练

根据《托儿所幼儿园卫生保健工作规范》规定，3～6岁儿童平均每年健康检查的次数是（　　）。

A. 1次　　B. 2次　　C. 3次　　D. 4次

解析：正确答案为A。根据《规范》定期健康检查规定，1～3岁儿童每年健康检查2次，每次间隔6个月；3岁以上儿童每年健康检查1次。所有儿童每年进行1次血红蛋白或血常规检测。1～3岁儿童每年进行1次听力筛查；4岁以上儿童每年检查1次视力。体检后应当及时向家长反馈健康检查结果。

5. 卫生与消毒

《规范》从环境卫生、个人卫生、预防性消毒三个方面对卫生与消毒提出了要求。

（1）环境卫生。

环境卫生是保证儿童健康的基础，整洁、安全、舒适是托幼机构对环境的基本要求。《规范》指出："托幼机构应当建立室内外环境卫生清扫和检查制度，每周全面检查1次并记录，为儿童提供整洁、安全、舒适的环境。"

（2）个人卫生。

个人卫生包括儿童的个人卫生和工作人员的个人卫生。这既要求托幼机构培养儿童良好的卫生习惯，又要求工作人员注意保持个人卫生，给儿童树立良好的学习榜样。

（3）预防性消毒。

预防性消毒是消毒工作的关键，也是托幼机构预防传染病的重要途径。

其中，附件部分的“托幼机构环境和物品预防性消毒方法”详细规定了托幼机构中应该清洁和消毒的物品种类、消毒频次、消毒方法等。

6. 传染病预防与控制

托幼机构是呼吸道、肠道等传染病易感人群聚集场所，一旦传染源引入，容易引起传染病局部暴发流行。传染病预防与控制部分详细规定了传染病预防机制，以及传染病发生时的处理要求。

（1）控制传染源。

首先，托幼机构有责任督促家长按免疫程序和要求完成儿童预防接种，并配合疾病预防控制机构做好托幼机构儿童常规接种、群体性接种或应急接种工作。其次，托幼机构应当建立传染病管理制度。托幼机构内发现传染病疫情或疑似病例后，应当立即向属地疾病预防控制机构报告。在传染病多发期间，托幼机构要加强入园（所）的体检，加强晨、午、晚检查和全日观察。

（2）切断传播途径。

根据《规范》，托幼机构内发现疑似传染病病例时，应当及时设立临时隔离室，对患儿采取有效的隔离控制措施。临时隔离室内环境、物品应当便于实施随时性消毒与终末消毒，控制传染病在园（所）内暴发和继发。托幼机构应当配合当地疾病预防控制机构对被传染病病原体污染（或可疑污染）的物品和环境实施随时性消毒与终末消毒。对于已经发病的幼儿，及时与家长联系，及时报告疫情，做好检疫隔离工作，待确定幼儿完全康复后再回到托幼机构。

（3）保护易感人群。

预防和控制传染病的最有效、最经济的方法是保护易感人群。首先，发生传染病期间，托幼机构应当加强晨午检和全日健康观察，并采取必要的预防措施，保护易感儿童。对发生传染病的班级按要求进行医学观察，医学观察期间该班与其他班相对隔离，不办理入托和转园（所）手续。其次，卫生保健人员应当定期对儿童及其家长开展预防接种和传染病防治知识的健康教育，提高其防护能力和意识。传染病流行期间，加强对家长的宣传工作。另外，患传染病的儿童隔离期满后，要凭医疗卫生机构出具的痊愈证明方可返回园（所）。根据需要，来自疫区或有传染病接触史的儿童，检疫期过后方可入园（所）。

案例分享

幼儿园晨检向孩子嘴里喷药被市政府叫停

某幼儿园为了保障入园学前儿童的身体安康，一直实行例行晨检等卫生保健制度，并借鉴外地一些幼儿园的做法，采用了日常使用生理盐水喷雾清洁口腔、在传染病高发等特殊时期配板蓝根冲剂喷雾以预防疾病的做法。喷雾的行为受到家长的质疑后，幼儿园作了公开回复，称该园根据上级卫生部门要求和幼儿园管理条例规定，多年来坚持每日晨检，注重学前儿童口腔卫生，根据幼儿园实际情况和季节特征，选用咽喉口腔喷雾剂，成分是板蓝根冲剂和生理盐水，目的是预防感冒和清洁口腔，防止学前儿童间交叉感染。

上述幼儿园的做法显然不正确，因为板蓝根冲剂和生理盐水虽然对身体没有什么危害，但对上呼吸道感染的预防作用也不明显。鉴于此，该幼儿园已停止了晨检时的喷雾环节。

7. 常见病预防与管理

常见病预防与管理强调对儿童常见病进行登记和专案管理，并做好五官保健的登记和管理；指出要督促家长对儿童进行治疗和复诊，加强日常健康观察和保育护理工作；强调通过健康教育提高儿童健康，减少常见病发生。在儿童入园（所）之初，托幼机构应对患有先天性心脏病、哮喘、癫痫等疾病的儿童和对有药物过敏史或食物过敏史的儿童进行登记，方便日后加强健康观察和保育护理工作。在托幼机构的日常管理工作中，要定期开展卫生保健的各项检查，发现视力低下、听力异常、龋齿，贫血、营养不良、肥胖等问题应及时进行登记管理，对于情况严重的儿童要督促家长及时带患病儿童到医疗卫生机构进行诊断及矫治。《规范》还特别指出，要重视儿童心理行为保健，开展儿童心理卫生知识的宣传教育，发现心理行为问题的儿童及时告知家长到医疗保健机构进行诊疗。

8. 伤害预防

安全管理是托幼机构卫生保健工作的基础。《规范》指出："托幼机构的各项活动应当以儿童安全为前提，建立定期全园（所）安全排查制度，落实预防儿童伤害的各项措施。”在房屋设施上，托幼机构的房屋、场地、家具、玩教具、生活设施等应当符合国家相关安全标准和规定；在制度保障上，托幼机构应当建立重大自然灾害、食物中毒、踩踏、火灾、暴力等突发事件的应急预案，如果发生重大伤害，应当立即采取有效措施，并及时向上级有关部门报告；在人员培训上，托幼机构应当加强对工作人员、儿童及监护人的安全教育和突发事件应急处理能力的培训，定期进行安全演练，普及安全知识，提高自我保护和自救的能力。

9. 健康教育

健康教育的内容包括膳食营养、心理卫生、疾病预防、儿童安全及良好行为习惯的培养等，健康教育的形式包括举办健康教育课堂、发放健康教育资料、设置宣传专栏、进行咨询指导、设立家长开放日等。

10. 信息收集

根据现阶段托幼机构卫生保健工作要求，信息收集部分细化了卫生保健资料的登记、记录和统计分析，增加了健康档案的内容，包括四个健康档案、九个卫生保健记录（登记）表和四个统计分析表，规范了进行统计分析的指标内容，更加便于卫生保健人员工作时使用。

（三）新设立托幼机构招生前卫生评价

1. 卫生评价流程

这里明确了新设立的托幼机构在招生开始前的卫生评价流程。卫生评价结果为“合格”的托幼机构方可申请办园，卫生评价结果为“不合格”的托幼机构责令限期整改后重新申请评价。

2. 卫生评价标准

根据招生前托幼机构卫生保健工作的重点，从环境卫生、个人卫生、食堂卫生、保健室或卫生室设置、卫生保健人员配备、工作人员健康检查及卫生保健制度七个方面分别提出具体要求，并总结为“新设立托幼机构招生前卫生评价表”，以方便各级托幼机构及专业人员在工作中应用及评价。

第四节 《幼儿园保育教育质量评估指南》

案例导入

在一次区域活动中，老师为孩子们提供了许多包水果的泡沫网纸。一开始，老师设想孩子们可以将这些泡沫网纸用来做区域活动中生鲜超市的冰块或垫子。孩子们在游戏时拿到这个材料后，却发挥了自己的想象，利用这些泡沫网纸做蔬菜、水果的包装，让顾客买完菜后用包装保护这些蔬菜和水果。由此可见，孩子们的想法是独特的，教师应该放手让他们自己去做、去玩。借此机会，老师抓住了孩子们对于这些游戏材料的兴趣，开启了一次有意义的活动，讨论班级中常见物品一物多玩的方法。孩子们在讨论中都能够积极参与，大胆抒发自己的想法，并且每个人的想法都十分有新意，例如表演区的草裙，不仅可以当作穿在身上的裙子，还可以作为头饰套在头上模仿印第安人……还有许许多多的玩法，都是孩子们自己讨论出来的，同时这也激发了孩子们在区角活动中更多的思考和探索。在之后的区域游戏中，孩子们也能主动思考有哪些物品是可以一物多玩的。

问题：幼儿园应该如何通过日常保教工作提升保育教育质量？

知识准备

一、《幼儿园保育教育质量评估指南》的颁布背景与意义

2022 年 2 月，教育部印发了《幼儿园保育教育质量评估指南》（简称《评估指南》），聚焦幼儿园保育教育过程及影响保育教育质量的关键因素，围绕办园方向、保育与安全、教育过程、环境创设、教师队伍五个方面提出了 15 项关键指标和 48 个考查要点，旨在引导幼儿园全面贯彻党的教育方针，落实立德树人根本任务，尊重幼儿年龄特点和发展规律，坚持保育教育结合，以游戏为基本活动，不断提高幼儿园办园水平和保教质量。

二、《幼儿园保育教育质量评估指南》的文本理解

（一）基本原则

1. 坚持正确方向

坚持社会主义办园方向，践行为党育人、为国育才使命，树立科学评价导向，推动构建科学保育教育体系，整体提升幼儿园办园水平和保育教育质量。

2. 坚持儿童为本

尊重幼儿年龄特点和成长规律，注重幼儿发展的整体性和连续性，坚持保教结合，以游戏为基本活动，有效促进幼儿身心健康发展。

3. 坚持科学评估

完善评估内容，突出评估重点，改进评估方式，切实扭转“重结果轻过程、重硬件轻内涵、重他评轻自评”等倾向。

4. 坚持以评促建

充分发挥评估的引导、诊断、改进和激励功能，注重过程性、发展性评估，引导办好每一所幼儿园，促进幼儿园安全优质发展。

（二）评估内容

1. 办园方向

包括党建工作、品德启蒙和科学理念等三项关键指标，旨在促进幼儿园全面贯彻党的教育方针，落实立德树人根本任务，强化党组织战斗堡垒作用，树立科学保育教育理念，确保正确办园方向。

2. 保育与安全

包括卫生保健、生活照料、安全防护等三项关键指标，旨在促进幼儿园加强膳食营养、疾病预防、健康检查等工作，建立合理的生活常规，强化医护保健人员配备、安全保障和制度落实，确保幼儿生命安全和身心健康。

幼儿园保育教育质量评估指标

3. 教育过程

包括活动组织、师幼互动和家园共育等三项关键指标，旨在促进幼儿园坚持以游戏为基本活动，理解尊重幼儿并支持其有意义地学习，强化家园协同育人，不断提高保育教育质量。

4. 环境创设

包括空间设施、玩具材料等两项关键指标，旨在促进幼儿园积极创设丰富适宜、富有童趣、有利于支持幼儿学习探索的教育环境，配备数量充足、种类多样的玩教具和图画书，有效支持保育教育工作科学实施。

5. 教师队伍

包括师德师风、人员配备、专业发展和激励机制等四项关键指标，旨在促进幼儿园加强教师师德工作，注重教师专业能力建设，提高园长专业领导力，采取有效措施激励教师爱岗敬业、潜心育人。

（三）评估方式

1. 注重过程评估

重点关注保育教育过程质量，关注幼儿园提升保教水平的努力程度和改进过程，严禁用直接测查幼儿能力和发展水平的方式评估幼儿园保育教育质量。

2. 强化自我评估

幼儿园应建立常态化的自我评估机制，促进教职工主动参与，通过集体诊断，反思自身教育行为，提出改进措施。同时，有效发挥外部评估的导向、激励作用，有针对性地引导幼儿园不断完善自我评估，改进保育教育工作。

3. 聚焦班级观察

通过不少于半日的连续自然观察，了解教师与幼儿互动情况，准确判断教师对促进幼儿学习与发展所做的努力与支持，全面、客观、真实地了解幼儿园保育教育过程和质量。外部评估的班级观察采取随机抽取的方式，覆盖面不少于各年龄班级总数的三分之一。

（四）组织实施

1. 加强组织领导

各地要高度重视幼儿园保育教育质量评估工作，将其作为促进学前教育高质量发展、办好人民满意教育的重要举措，纳入本地深化教育评价改革重要内容，建立党委领导、政府教育督导部门牵头、部门协同、多方参与的组织实施机制。各省（区、市）要结合实际，完善本地质量评估具体标准，编制幼儿园保育教育质量自评指导手册，增强质量评估的操作性，确保评估工作有效实施。要逐步将幼儿园保育教育质量评估工作与已经开展的对地方政府履行教育职责评价、学前教育普及普惠督导评估、幼儿园办园行为督导评估等工作统筹实施，避免重复评估，切实减轻基层和幼儿园迎检负担。

2. 明确评估周期

幼儿园每学期开展一次自我评估，教育部门要加强对幼儿园保育教育工作和自评的指导。县级督导评估依据所辖园数和工作需要，原则上每 3 ～ 5 年为一个周期，确保每个周期内覆盖所有幼儿园。省、市结合实际适当开展抽查，具体抽查比例由各省（区、市）自行确定。

3. 强化评估保障

各地要为幼儿园保育教育质量评估提供必要的经费保障，支持开展评估研究。要切实加强评估队伍建设，建立一支尊重学前教育规律、熟悉幼儿园保育教育实践、事业心责任感强、相对稳定的专业化评估队伍，评估人员主要由督学、学前教育行政人员、教研人员、园长、骨干教师等组成，强化评估人员专业能力建设。加强对《评估指南》的学习培训，推动幼儿园园长、教师自觉运用《评估指南》自我反思改进，不断提高保育教育水平。

4. 注重激励引导

各地要将幼儿园保育教育质量评估结果作为对幼儿园表彰奖励、政策支持、资源配置、园长考核以及民办园年检、普惠性民办园认定扶持等方面工作的重要依据。对履职不到位、违反有关政策规定、违背幼儿身心发展规律、保教质量持续下滑的幼儿园，要及时督促整改，并视情况依法依规追究责任。要通过幼儿园保育教育质量评估工作，积极推动地方政府履行相应教育职责，为办好学前教育提供充分的条件保障和良好的政策环境。

5. 营造良好氛围

要广泛宣传国家关于学前教育改革发展的政策措施，深入解读幼儿园保育教育质量评估的重要意义、内容要求和指标体系，认真总结推广质量评估工作先进典型经验，有效发挥示范引领作用，积极开展国际交流与合作，营造有利于促进学前教育高质量发展的良好氛围。

让每一个生命散发活泼的生命感

知识检测

一、单选题

1.幼儿园教育可以相对划分为（　　）等五个领域。

A.生活、人际、社会、科学、艺术

B.体育、语言、社会、认知、艺术

C.健康、语言、社会、数学、音乐

D.健康、语言、社会、科学、艺术

2.在幼儿园实践中，某些教师认为幼儿进餐、睡眠、午点等是保育，只有上课才是传授知识，是发展智力的唯一途径，故而不注意利用各环节的教育价值，这种做法违反了（　　）。

A.发挥一日生活的整体功能原则　B.重视年龄特点和个体差异原则

C.尊重儿童原则　D.实践性原则

3.《3～6岁儿童学习与发展指南》共有（　　）个学习和发展目标，（　　）条教育建议。

A. 23，87　B. 23，78　C. 32，87　D. 32，78

4.以下观点，（　　）不是《3～6岁儿童学习与发展指南》的主要理念。

A.珍惜幼儿的经验和生活价值

B.幼儿是积极主动的学习者

C.保证幼儿在统一的时间达到相同的水平

D.重视家园共育

5.园内卫生保健工作第一责任人是（　　）。

A.保育员　B.保健医　C.后勤园长　D.园长

二、材料分析题

2016年9月，××县妇幼保健院组织专家组对该县某幼儿园进行了卫生保健专项督导评价。经过现场考察，专家组出具了该县第一份托幼机构卫生评价报告，评定该幼儿园为“合格”。据悉，江西省卫生厅、教育厅联合下发的《江西省托儿所幼儿园卫生保健管理实施细则》规定，新设立的托幼机构，招生前应当向卫生部门申请托幼机构卫生评价，取得符合《托儿所幼儿园卫生保健工作规范》的卫生评价报告后，方可正式招生。为此，该县从2016年秋季学期起，将托幼机构卫生评价合格报告作为新开办幼儿园的前置条件之一。卫生评价能进一步加强托幼机构卫生保健管理，提高托幼机构卫生保健水平，预防和减少疾病发生，保障儿童身心健康。

问题：该县将托幼机构卫生评价合格报告作为新开办幼儿园的前置条件之一，这种做法是否正确？

实践活动

学前教育法律知识挑战赛

[活动目的]

通过普及学前教育相关法律知识，增强广大学生的法治观念，提高知法、用法、守法的意识，真正做到学以致用、活学活用。

[活动流程]

1. 分组

班级全体成员参与，3人一组。

2. 指导教师提供整理好的题目

指导教师根据我国《教育法》《未成年人保护法》《教师法》等相关法律、法规整理出挑战赛的题库，题型可采用单选题、多选题、判断题等形式，例如：

（1）【单选】《幼儿园教育指导纲要（试行）》强调幼儿园与家庭是（　　）。

A. 合作伙伴关系　　　　B. 指导与被指导关系

C. 教育者与被教育者的关系　　　　D. 行政关系

（2）【单选】根据我国《未成年人保护法》和《预防未成年人犯罪法》的规定，对未成年人犯罪一律不公开审理的年龄是（　　）。

A. 14 周岁以下　　　　B. 14 周岁以上不满 16 周岁

C. 16 周岁以上不满 17 周岁　　　　D. 18 周岁以下

（3）【单选】我国《教育法》规定，明知校舍或者教育教学设施有危险，而不采取措施，造成人员伤亡或者重大财产损失的，对直接负责的主管人员和其他直接责任人员，依法追究（　　）。

A. 民事责任　　B. 刑事责任　　C. 一般责任　　D. 行政责任

（4）【多选】张某作为一名受教育者，依法享有的权利有（　　）。

A. 参加教育教学计划安排的各种活动

B. 使用教育教学设施、设备、图书资料

C. 按照国家有关规定获得奖学金、贷学金、助学金

D. 完成规定的学业后获得相应的学业证书、学位证书

（5）【多选】学校可以解聘教师的情形有（　　）。

A. 不能团结同事，其他教师不愿与之共事的

B. 故意不完成教育教学任务给教育教学工作造成损失的

C. 体罚学生，经教育不改的

D. 品行不良，侮辱学生，影响恶劣的

（6）【判断题】儿童权利是指儿童作为权利主体，享有与成人彼此平等的利益、价值、尊严、自由等。（　　）

（7）【判断题】学校应把智育放在首位，努力提高教师的教学水平，促进学生成绩的提高。（　　）

3. 答题

竞赛以小组积分、抢答等形式展开。积分最多的队伍获胜。

[活动总结]

活动结束后写一篇心得体会，谈谈这次活动对自己的启发和影响。

第五章
保教机构的安全工作

学习起航

随着社会的发展，保教机构的安全工作面临着新情况、新问题。为严格规范安全管理行为，积极防范和妥善处理安全事故，更好地保障保教对象的合法权益，针对保教机构安全管理过程中的突出问题，我国先后发布了一系列的法规文件。本章我们就来了解与保教机构的安全工作相关的政策法规。

学习目标

素质目标：

1. 了解幼儿伤害事故，提前做好准备。

2. 了解幼儿伤害事故的责任认定，强化责任意识，提高担当能力。

知识目标：

1. 了解《学生伤害事故处理办法》《中小学幼儿园安全管理办法》《校车安全管理条例》《中小学幼儿园应急疏散演练指南》的颁布背景和意义。

2. 理解《学生伤害事故处理办法》《中小学幼儿园安全管理办法》《校车安全管理条例》《中小学幼儿园应急疏散演练指南》对保教机构安全工作的具体规定。

能力目标：

能够运用《学生伤害事故处理办法》《中小学幼儿园安全管理办法》《校车安全管理条例》《中小学幼儿园应急疏散演练指南》对相关案例进行分析，并指导保教工作。

第一节 《学生伤害事故处理办法》

案例导入

毛毛和豆豆是幼儿园大班的幼儿。在一次下午离园自由活动中，毛毛和豆豆互做打斗动作，而正在组织离园的班主任刘老师并未留意到这一切。突然毛毛的手指不慎戳到了豆豆的眼睛，豆豆顿时大哭起来。刘老师闻讯赶来，询问情况后仅责备了毛毛并要求毛毛向豆豆道歉，却并未过多了解豆豆受伤的情况。豆豆母亲来园接孩子时，刘老师将事发情况告知她，并表示是孩子之间玩耍无意造成的，而且也已经批评了毛毛。没想到，第二日，豆豆的眼睛肿胀，豆豆妈妈遂将豆豆送往医院治疗。经鉴定，豆豆右眼穿孔伤，视力下降为 0.3，属 10 级伤残。法院认为幼儿园在教育活动管理上存在明显过错，并且未及时采取适当的救治措施，遂判决幼儿园承担 30% 医药费的损害责任，毛毛家长承担主要的损害责任。

问题：法院的判决是否合理？

知识准备

一、《学生伤害事故处理办法》的颁布背景与意义

20 世纪 90 年代以来，学生发生安全事故的概率呈上升趋势，学生在校伤害事故亦在其列。因此，学生伤害事故成为困扰中小学及幼儿园教学与管理的一个重要问题，一直受到社会的关注。保障学生的人身安全是维护学生合法权益、保障学校教育教学正常秩序的重要方面。近年来，教育部相继颁布了十多项有关学校安全工作的政策、规定，而《学生伤害事故处理办法》（简称《办法》）的颁布与实施是推动教育领域的法治建设，构建有关学校安全的法律、制度框架的重要组成部分。

概括地说，《办法》颁布的目的和意义主要体现在以下几个方面。

（1）《办法》的颁布与实施，根本在于指导和帮助教育行政部门、各级各类学校积极预防、妥善处理学生伤害事故。

（2）《办法》对人们关注的焦点问题作出了法律上的明确回答，有利于

规范教育法律关系主体的意识与行为。

（3）《办法》的出台填补了我国教育立法在处理学生伤害事故专项法规上的空白。

二、《学生伤害事故处理办法》的文本理解

《办法》全文

（一）总则

1. 制定目的

《办法》第一条指出了制定目的："积极预防、妥善处理在校学生伤害事故，保护学生、学校的合法权益。"针对学生、学校的合法权益受到侵害的事件，《办法》着眼于预防，通过明确主体责任和处理办法，保护学生、学校的合法权益。

2. 适用范围

学生伤害事故是指在学校实施的教育教学活动或者学校组织的校外活动中，以及在学校负有管理责任的校舍、场地、其他教育教学设施、生活设施内发生的，造成在校学生人身损害后果的事故。

学生伤害事故应满足三个特征：①必须是在学校负有教育管理责任的时间和空间范围内发生的伤害事故，上学路上、放学路上和节假日等都不在此列；②必须是在校学生发生的伤害事故；③必须是人身损害事故，单纯的精神伤害不属于此类。

3. 事故处理原则

《办法》第三条规定学生伤害事故处理原则可以用 16 个字概括，即依法处理、客观公正、合理适当、及时妥善。

4. 各主体的职责

（1）学校举办者。学校举办者应当提供符合安全标准的校舍、场地、其他教育教学设施和生活设施。教育行政部门应当加强学校安全工作，指导学校落实预防学生伤害事故的措施，指导、协调学校妥善处理学生伤害事故，维护学校正常的教育教学秩序。

（2）学校。《办法》第五条明确了学校的职责。学校应对在校学生进行安全教育，建立健全安全制度，预防和消除安全隐患，发生伤害事故时及时采取措施救助受伤害学生等。学校对学生负有进行安全教育、管理和保

护的责任，但不承担对未成年学生非特别规定或委托的监护职责。

（3）学生。《办法》第六条明确了学生的自我保护义务。学生应遵守学校的规章制度和纪律，尽自身能力避免或消除相应的危险。首先，学生应当遵守学校的规章制度和纪律；其次，在不同的受教育阶段，应当根据自身的年龄、认知能力和法律行为能力，避免和消除相应的危险。

（4）监护人。《办法》第七条规定："未成年学生的父母或者其他监护人（以下称为监护人）应当依法履行监护职责，配合学校对学生进行安全教育、管理和保护工作。"它强调了监护人对未成年学生人身安全的监护职责，以及在学校安全管理工作中的配合义务。

（二）事故与责任

1. 学校责任事故

学校责任事故是指由于学校有故意或过失（疏忽大意或存有侥幸心理），未尽到相应的教育、管理与保护的职责和义务而造成的学生伤害事故。发生学生伤害事故，造成学生人身损害的，学校应当按照《中华人民共和国侵权责任法》及相关法律、法规的规定，承担相应的事故责任。

因以下情形之一造成的学生伤害事故，学校应当依法承担相应的责任。

（1）学校的设施、设备不符合国家规定的标准或有明显不安全因素的。

（2）学校的安全管理制度有明显疏漏，或者管理混乱，存在重大安全隐患，而未及时采取补救措施的，如门卫制度与管理行为、消防制度与行为、宿舍管理制度与行为、公共设施管理制度与行为等。

（3）学校向学生提供的药品、食品、饮用水等不符合国家或者行业的有关标准、要求的。

（4）学校组织学生参加教育教学活动或者校外活动，未对学生进行相应的安全教育，并未在可预见的范围内采取必要的安全措施的。

（5）学校知道教师或者其他工作人员患有不适宜担任教育教学工作的疾病，但未采取必要措施的。

（6）学校违反有关规定，组织或者安排未成年学生从事不宜未成年人参加的劳动、体育运动或者其他活动的。

（7）学生有特异体质或者特定疾病，不宜参加某种教育教学活动，学校知道或者应当知道，但未予以必要的注意的。

（8）学生在校期间突发疾病或者受到伤害，学校发现，但未根据实际情况及时采取相应措施，导致不良后果加重的。

（9）学校教师或者其他工作人员体罚或者变相体罚学生，或者在履行职责过程中违反工作要求、操作规程、职业道德或者其他有关规定的。

（10）学校教师或者其他工作人员在负有组织、管理未成年学生的职责期间，发现学生行为具有危险性，但未进行必要的管理、告诫或者制止的。

（11）对未成年学生擅自离校等与学生人身安全直接相关的信息，学校发现或者知道，但未及时告知未成年学生的监护人，导致未成年学生因脱离监护人的保护而发生伤害的。例如，在学生擅自离校、身体不适、学校作息时间变更等情况下，学校知情而未尽告知义务时，若学生发生事故，学校均有责任。

（12）学校有未依法履行职责的其他情形的。例如，校园车辆行驶造成学生安全事故等。

2. 学生或监护人责任事故

学生或监护人责任事故是指由于学生本人过失或者未成年监护人未尽监护责任而造成学生伤害的事故。针对此类事故，学生或监护人应当依法承担相应的责任。

学生或者未成年学生监护人由于过错，有下列情形之一，造成学生伤害事故的，应当依法承担相应的责任。

（1）学生违反法律法规的规定，违反社会公共行为准则、学校的规章制度或者纪律，实施按其年龄和认知能力应当知道具有危险或者可能危及他人的行为的。例如，学生之间打架、斗殴造成的伤害等由学生自己担责。

（2）学生行为具有危险性，学校、教师已经告诫、纠正，但学生不听劝阻、拒不改正的。

（3）学生或者其监护人知道学生有特异体质，或者患有特定疾病，但未告知学校的。

（4）未成年学生的身体状况、行为、情绪等有异常情况，监护人知道或者已被学校告知，但未履行相应监护职责的。

（5）学生或者未成年学生监护人有其他过错的。

案例分享

谁应负责

某幼儿园考虑到有些家长比较忙，没有接送孩子的时间，而孩子入园、离园的路上不安全，便实行了教师代接送孩子的制度。一位吴姓家长认为幼儿园是想以此收取费用，且自己家离幼儿园很近，只隔一条小路，不会有什么危险，便坚持让孩子自己回家。幼儿园教师警示家长，孩子年龄小，不知道什么是危险，万一在路上出了事，事就大了。吴姓家长对幼儿园教师的话不以为意，未加理会。有一天，孩子在离园回家的路上，因和另一名幼儿打闹，眼睛被戳成重伤。吴姓家长将幼儿园告上了法庭。在法庭上，吴姓家长指责幼儿园没有履行接送孩子的约定，并否认幼儿园曾对他有警示。幼儿园据理力争，拿出了证据。家长最终败诉。

3.第三方责任事故

《办法》第十一条规定："学校安排学生参加活动，因提供场地、设备、交通工具、食品及其他消费与服务的经营者，或者学校以外的活动组织者的过错造成的学生伤害事故，有过错的当事人应当依法承担相应的责任。"

4.学校意外事故

学校意外事故是指学校已履行了相应职责，行为并无不当，由于不可预料、不可避免的情形所造成的学生伤害事故。《办法》第十二条规定了学校意外事故的主要情形。

（1）地震、雷击、台风、洪水等不可抗的自然因素造成的。

（2）来自学校外部的突发性、偶发性侵害造成的。

（3）学生有特异体质、特定疾病或者异常心理状态，学校不知道或者难于知道的。

（4）学生自杀、自伤的。

（5）在对抗性或者具有风险性的体育竞赛活动中发生意外伤害的。

（6）其他意外因素造成的。

对于此类事故，学校无法律责任。由于学生集中程度高，潜在事故风险大，为减少意外伤害带来的家庭经济负担，学校可建议学生或未成年学生监护人购买学生意外保险。

5. 其他事故

其他事故包括不属于学生伤害事故范围的校内外事故和学校工作人员个人伤害行为的责任事故。由于此类学生伤害事故中学校行为并无不当，因此学校不承担事故责任，事故责任应当按有关法律、法规或其他有关规定认定。《办法》第十三条规定了一些学校不承担事故责任的情形。

（1）在学生自行上学、放学、返校、离校途中发生的。

（2）在学生自行外出或者擅自离校期间发生的。

（3）在放学后、节假日或假期等学校工作时间以外，学生自行滞留学校或自行到校发生的。

（4）其他在学校管理职责范围外发生的。

练一练

某小朋友在暑假期间擅自转幼儿园的铁门，导致右腿划伤，对于该小朋友所受伤害，下列正确的是（　　）。

A. 幼儿园存在过错，应当承担赔偿责任

B. 幼儿园没有过错，但要承担赔偿责任

C. 幼儿园没有过错，无须承担赔偿责任

D. 幼儿园存在过错，但可免除赔偿责任

解析：正确答案为C。《办法》第十三条规定，在放学后、节假日或假期等学校工作时间以外，学生自行滞留学校或自行到校发生的伤害事故，学校不承担事故责任。

（三）事故处理程序和方式

1. 即时处理程序

发生学生伤害事故时，学校应当及时救助受伤害学生，保护现场，保全证据；及时告知未成年学生的监护人；有条件的，应当采取紧急救援等方式救助。从中可以看出，只要发现学生受到伤害，无论是何种性质的人身伤害事故，也无论是谁的责任，学校或当事人都有义务第一时间对受伤害学生实施救援。同时，学校应立即成立事故小组，负责现场指挥救治，及时告知未成年事故学生监护人，并向上级主管部门报告事故情况。

学校对校园伤害事故采取的对策主要有：

（1）现场即时抢救，及时送医院。

（2）及时将真实情况通知家长。

（3）及时向上级教育行政部门报告情况。如果是一般事故，应在 24 小时内报告；如果是重大事故，应当立即报告。

（4）学校及时成立事故处理领导小组。

（5）学校及时调查事故的原因，经过调查取证，为事故的处理提供依据。

2. 报告程序

《办法》第十六条规定："发生学生伤害事故，情形严重的，学校应当及时向主管教育行政部门及有关部门报告；属于重大伤亡事故的，教育行政部门应当按照有关规定及时向同级人民政府和上一级教育行政部门报告。"一般而言，学校应在事故发生后 24 小时内口头报告，并在 7 个工作日内提供有关事故的书面报告。在此阶段，学校还应采取措施保护好事故现场和相关证据，积极配合相关部门查找事故原因，确定事故责任。

3. 教育行政部门介入

学校的主管教育行政部门应学校要求或者认为必要，可以指导、协助学校进行事故的处理工作，尽快恢复学校正常的教育教学秩序。

4. 调解程序

（1）教育行政部门收到调解请求，认为有必要的，可以指定专门人员进行调解，并应当在受理申请之日起 60 日内完成调解。

（2）经教育行政部门调解，双方就事故处理达成一致意见的，应当在调解人员的见证下签订调解协议，结束调解。

（3）在调解期限内，双方不能达成一致意见，或者调解过程中一方提起诉讼，人民法院已经受理的，应当终止调解。

（4）调解结束或者终止，教育行政部门应当书面通知当事人。

（5）对经调解达成的协议，一方当事人不履行或反悔的，双方可以依法提起诉讼。

5. 处理结束程序

事故处理结束，学校应当将事故处理结果书面报告主管的教育行政部门。重大伤亡事故的处理结果，教育行政部门应当向同级人民政府和上一级教育行政部门报告。

6. 事故处理方式

（1）学校与受伤害学生或者学生家长可以通过协商方式解决。

（2）双方自愿，可以书面请求主管教育行政部门进行调解。

（3）成年学生或者未成年学生的监护人也可以依法直接提起诉讼。

（四）事故损害的赔偿

1. 赔偿原则

对发生学生伤害事故负有责任的组织或者个人，应当按照法律法规的有关规定，承担相应的损害赔偿责任。

2. 赔偿范围和标准

学生伤害事故赔偿的范围与标准，按照有关行政法规、地方性法规或者最高人民法院司法解释中有关规定确定。

3. 伤残争议解决

对受伤害学生的伤残程度存在争议的，可以委托当地具有相应鉴定资格的医院或者有关机构，依据国家规定的人体伤残标准进行鉴定。

4. 学校赔偿原则

学校对学生伤害事故负有责任的，根据责任大小，适当予以经济赔偿，但不承担解决户口、住房、就业等与救助受伤害学生、赔偿相应经济损失无直接关系的其他事项。

学校无责任的，如果有条件，可以根据实际情况，本着自愿和可能的原则，对受伤害学生给予适当的帮助。

5. 教师过错的赔偿

因学校教师或其他工作人员在履行职务中的故意或重大过失造成的学生伤害事故，学校予以赔偿后，可以向有关责任人员追偿。

6. 学生过错的赔偿

未成年学生对学生伤害事故负有责任的，由其监护人依法承担相应的赔偿责任。

学生的行为侵害学校教师及其他工作人员以及其他组织、个人的合法权益，造成损失的，成年学生或者未成年学生的监护人应当依法予以赔偿。

练一练

放假期间，幼儿王某和李某相约在小区楼下玩耍。在玩耍过程中，王某不慎将李某撞倒在地，导致李某小腿骨折。对于李某所受伤害，应当承担主要责任的是（　　）。

A. 王某本人　　　　B. 学校

C. 李某监护人　　　　D. 王某监护人

解析：正确答案为D。《办法》第二十八条规定“未成年学生对学生伤害事故负有责任的，由其监护人依法承担相应的赔偿责任”。

7. 赔偿经费的筹措责任

根据双方达成的协议、经调解形成的协议或者人民法院的生效判决，应当由学校负担的赔偿金，学校应当负责筹措；学校无力筹措的，由学校的主管部门或者举办者协助筹措。

8. 伤害赔偿准备金

县级以上人民政府教育行政部门或者学校举办者有条件的，可以通过设立学生伤害赔偿准备金等多种形式，依法筹措伤害赔偿金。

9. 学校责任保险

学校有条件的，应当依据保险法的有关规定，参加学校责任保险。

教育行政部门可以根据实际情况，鼓励中小学参加学校责任保险。

提倡学生自愿参加意外伤害保险。在尊重学生意愿的前提下，学校可以为学生参加意外伤害保险创造便利条件，但不得从中收取任何费用。

（五）事故责任者的处理

1. 事故责任人的处理

发生学生伤害事故，学校负有责任且情节严重的，教育行政部门应当根据有关规定，对学校的直接负责的主管人员和其他直接责任人员，分别给予相应的行政处分；有关责任人的行为触犯刑律的，应当移送司法机关依法追究刑事责任。

2. 对学校的行政处罚

学校管理混乱，存在重大安全隐患的，主管的教育行政部门或者其他有关部门应当责令其限期整顿；对情节严重或者拒不改正的，应当依据法律、法规的有关规定，给予相应的行政处罚。

3. 教育行政部门人员的处理

教育行政部门未履行相应职责，对学生伤害事故的发生负有责任的，由有关部门对直接负责的主管人员和其他直接责任人员分别给予相应的行政处分；有关责任人的行为触犯刑律的，应当移送司法机关依法追究刑事责任。

4. 学生的处理

违反学校纪律，对造成学生伤害事故负有责任的学生，学校可以给予相应的处分；触犯刑律的，由司法机关依法追究刑事责任。

5. 侵害学校的责任

受伤害学生的监护人、亲属或者其他有关人员，在事故处理过程中无理取闹，扰乱学校正常教育教学秩序，或者侵犯学校、教师或者其他工作人员的合法权益的，学校应当报告公安机关依法处理；造成损失的，可以依法要求赔偿。

贯彻精神

党的二十大报告指出，要“严格公正司法。公正司法是维护社会公平正义的最后一道防线。深化司法体制综合配套改革，全面准确落实司法责任制，加快建设公正高效权威的社会主义司法制度，努力让人民群众在每一个司法案件中感受到公平正义。规范司法权力运行，健全公安机关、检察机关、审判机关、司法行政机关各司其职、相互配合、相互制约的体制机制。强化对司法活动的制约监督，促进司法公正。加强检察机关法律监督工作。完善公益诉讼制度”①。

① 习近平. 高举中国特色社会主义伟大旗帜 为全面建设社会主义现代化国家而团结奋斗——在中国共产党第二十次全国代表大会上的报告 [R]. 北京：人民出版社，2022：42.

第二节 《中小学幼儿园安全管理办法》

案例导入

点心时间，孩子们正在喝豆浆。由于豆浆太烫，雨夕小朋友不小心把豆浆弄洒了，腿被烫红了。这时在班上代班的是刚刚参加工作的陈老师，她慌张地带着孩子去找校医，而此时校医不在医务室。看着孩子发红的皮肤，陈老师只好带着孩子到附近的医院。到医院的时候，孩子的腿上已经起了一个大水疱，旁边的皮肤由于跟裤子摩擦也更红了，医院的护士告诉陈老师："其实孩子刚刚被烫时，只要让她把烫到的皮肤放在自来水下多冲一会儿就没事了。"看着孩子疼痛的样子，陈老师的心里也难过极了。

问题：幼儿园应该如何提高安全管理水平？

知识准备

一、《中小学幼儿园安全管理办法》的颁布背景与意义

教育部要求各地全面加强中小学幼儿园安全工作

为加强中小学、幼儿园安全管理，保障学校及其学生和教职工的人身、财产安全，维护中小学、幼儿园正常的教育教学秩序，根据教育法律、法规和国务院的有关规定，教育部、公安部、司法部等部门共同制定了《中小学幼儿园安全管理办法》（简称《办法》）。《办法》于2006年6月30日发布，自2006年9月1日起施行。它是专门针对中小学、幼儿园作出的安全管理规定。2006年6月29日，全国人大常委会在修订《中华人民共和国义务教育法》时，首次把中小学安全工作写进了法律。《办法》是《中华人民共和国义务教育法》的配套文件，其实施对于做好新时期中小学、幼儿园安全工作发挥了重要作用。

练一练

> 《中小学幼儿园安全管理方法》自（　　）起施行。
>
> A. 2006 年 3 月 1 日　　B. 2006 年 5 月 1 日
>
> C. 2006 年 8 月 1 日　　D. 2006 年 9 月 1 日
>
> 解析：正确答案为D。《办法》于2006 年 6 月 30 日发布，自 2006 年 9 月 1 日起施行。

二、《中小学幼儿园安全管理办法》的文本理解

（一）总则

1. 制定目的

《办法》第一条指出了制定目的："加强中小学、幼儿园安全管理，保障学校及其学生和教职工的人身、财产安全，维护中小学、幼儿园正常的教育教学秩序。"

《办法》全文

2. 适用范围

《办法》第二条指出适用范围："普通中小学、中等职业学校、幼儿园（班）、特殊教育学校、工读学校的安全管理。"为了表述简便，这里还指出在后面的条文中以"学校"统称上述各类学校和幼儿园。

3. 学校安全管理工作的方针

（1）积极预防。要求学校和有关方面通过调研摸清学生易发生事故的环节、地点和时段，积极预防，科学防范。同时，有针对性地健全安全制度，消除安全隐患，确保学生生命安全。

（2）依法管理。要求有关部门和学校按照教育和其他有关方面的法律、法规及《办法》，实施学校安全管理，保证学校和师生安全。

（3）社会参与。要求社会团体、企事业单位、其他社会组织和个人参与和支持学校安全工作。

（4）各负其责。要求建立健全安全工作责任制和事故责任追究制，保证安全管理职责落实到位。

4. 学校安全管理工作的内容

《办法》第四条说明学校安全管理工作包括构建学校安全工作保障体

系、健全学校安全预警机制、建立校园周边整治协调工作机制、加强安全宣传教育培训、实施救治和责任追究等，涵盖事故发生前、事故中、事故后三个阶段的处理工作，指出安全工作的重点是加强预防，消除隐患。

5. 对相关主体的要求

《办法》第五条对相关主体提出了要求，包括各级教育、公安、司法行政、建设、交通、文化、卫生、工商、质检、新闻出版等部门，以及学校及社会团体、企业事业单位、其他社会组织和个人等。

（二）安全管理职责

1. 教育行政部门

《办法》第七条规定教育行政部门对学校安全工作履行的职责包括全面掌握学校安全工作状况，建立安全工作责任制和事故责任追究制，及时了解学校安全教育情况，制定校园安全的应急预案，协调政府其他相关职能部门共同做好学校安全管理工作，并特别提出教育督导机构应当组织学校安全工作的专项督导。各级教育行政部门应准确掌握职责范围的情况，有针对性地制定相应措施，同时加强对基层工作的指导和督促，坚持“安全第一，预防为主”，及时消除各种安全隐患。

2. 公安机关

《办法》第八条规定公安机关对学校安全工作履行的职责包括校园周边治安、校内消防安全、校园突发事件三个方面。

3. 卫生部门

《办法》第九条规定卫生部门应检查、指导学校卫生防疫和卫生保健工作，监督、检查学校食堂、学校饮用水和游泳池的卫生状况。

4. 建设部门

《办法》第十条规定建设部门对学校安全工作履行的职责包括监管学校建筑、燃气设施设备安全状况，指导校舍安全检查鉴定工作，监管学校工程建设各环节，督促学校定期检验、维修和更新学校相关设施设备。

5. 其他行政部门

保障中小学、幼儿园安全，需要有关部门齐抓共管，形成合力，常抓不懈，形成工作机制。因此，《办法》第十一条至第十三条全面规定质量技术监督、公安、卫生、交通、建设、文化、新闻出版、工商等部门的相关职责，使分散于各部门规章和文件中的有关规定相对集中地体现在《办法》中，为更有效地依法实施学校安全管理提供依据。

6. 学校举办者

学校举办者（如地方人民政府、企业事业组织、社会团体或公民个人）应当对学校安全工作履行相应职责。例如，保证办学标准、办学条件符合国家安全质量标准，定期对校舍安全进行检查和维修，维护学校周边秩序，等等。

（三）校内安全管理制度

《办法》第三章详细规定了校内安全管理制度，主要内容包括：

（1）健全门卫制度，建立校外人员入校的登记或者验证制度。

（2）建立校内安全定期检查制度和危房报告制度，及时排除安全隐患或者采取必要的防护措施。

（3）落实消防安全制度和工作责任制，保证消防设施和器材能够有效使用。

（4）建立用水、用电、用气等相关设施设备的安全管理制度，定期检查、维修和更换。

（5）严格执行国家关于饮食卫生的规定，保证食堂饮食卫生安全。

（6）建立实验室安全管理制度，严格建立危险化学品、放射物质的购买、保管、使用、登记、注销等制度。

（7）按照国家有关规定配备合格的医务（保健）人员，购置必需的急救器材和药品。

（8）建立学生安全信息通报制度，将上下学时间、学生无故缺席、擅自离校等事关学生安全的信息及时告知监护人。

（9）建立安全工作档案，作为实施安全工作目标考核、责任追究和事故处理的重要依据。

（四）日常安全管理

1. 日常教育教学活动

学校在日常的教育教学活动中应当遵循教学规范，落实安全管理要求，合理预见、积极防范可能发生的风险。《办法》第二十八条至第三十二条分别对大型集体活动、体育活动、上下学与家长的交接、楼道上下秩序与晚自习等日常管理中容易发生安全事故的领域与环节提出了明确的安全管理要求。

2. 集体劳动、教学实习或社会实践活动

学校组织学生参加的集体劳动、教学实习或社会实践活动应当尊重学生的身心发展规律，符合学生的心理、生理特点和身体健康情况。因此，《办法》第三十三条规定，学校不得组织学生参加抢险类活动、危险性活动、商业性活动等。

3. 教职工

《办法》第三十五条规定了学校教职工应当符合的任职资格和条件要求，还规定“学校教师应当遵守职业道德规范和工作纪律，不得侮辱、殴打、体罚或者变相体罚学生”。这一规定体现出《办法》对未成年人的生命权、健康权和人格权的维护与尊重。

4. 学生及其监护人

《办法》第三十六条和第三十七条对学生及其监护人的义务进行了说明。只有在学校、监护人和学生自身共同的努力下，学校才能健康发展，学生的安全才更有保障。

（五）安全教育

1. 学校安全教育的内容

《办法》规定安全教育是学校日常生活和教学的一部分，并指出学校应该根据所在区域的实际情况，有针对性地对学生集中开展安全教育，具体包括学校安全教育的学科渗透、学期开始和结束时的安全教育、新生入学安全教育、实验课的安全教育、交通安全教育、消防安全教育等。

2. 学校安全教育的方式

以往，学校缺乏安全教育演练机会，使得教师与学生没有应对安全事故的经验，安全事故一旦发生，教师和学生的应急、应险能力弱，后果非常严重。因此，《办法》第四十二条规定，学校应根据实际情况开展事故预防演练，提高安全教育的针对性，增强安全教育的效果。

练一练

学校应当（　　）至少开展一次针对洪水、地震、火灾等灾害事故的紧急疏散演练，使师生掌握避险、逃生、自救的方法。

A.每周　　B.每月　　C.每学期　　D.每年

解析：正确答案为C。参见《办法》第四十二条规定。

3.学校安全教育的师资

《办法》倡导学校选聘优秀的法律工作者担任法制副校长和法制辅导员，强调对校长、学校安全保卫人员及全体教职工进行安全管理和安全教育培训，要求学生监护人与学校互相配合。

（六）校园周边安全管理

《办法》第六章有针对性地对政府有关部门应当履行的校园周边安全职责作出了规定，要求有关部门建立联席会议制度，从建设工程、治安、交通、文化、出版、卫生等校园周边安全管理难点出发，互相配合，齐抓共管，切实有效地维护学校周边的安全。

（七）安全事故处理

《办法》第七章主要阐述了两个方面的安全事故处理：一是学校所在地区发生自然灾害（地震、洪水、泥石流、台风等）和重大的治安、公共卫生突发事件时，地方教育行政部门应该采取的处理措施；二是校园内发生火灾、食物中毒、重大治安等突发安全事故以及自然灾害时，学校应该采取的处理措施。

《办法》强调在发生教职工和学生伤亡等安全事故时，学校要及时上报，并且按照《学生伤害事故处理办法》规定的原则和程序实施救助，进行妥善处理。对于重大事故，要求教育行政部门按照规定逐级上报，省级教育行政部门应当在每年 1 月 31 日前向国务院教育行政部门书面报告学校上一年度安全工作和学生伤亡情况。

（八）奖励与责任

《办法》第八章主要阐述了对学校安全工作的奖励和惩戒。教育、公安、司法行政、建设、交通、文化、卫生、工商、质检、新闻出版等部门，对于在学校安全工作中成绩显著或者作出突出贡献的单位和个人，要给予相应的表彰和奖励。教育、公安、司法行政、建设、交通、文化、卫生、工商、质检、新闻出版等部门，不依法履行学校安全监督与管理职责的，由上级部门给予批评；对直接责任人员由上级部门和所在单位视情节轻重，给予批评教育或者行政处分；构成犯罪的，依法追究刑事责任。校外单位或者人员违反治安管理规定、引发学校安全事故的，根据相应的法律、法规，追究其责任。

第三节 《校车安全管理条例》

案例导入

某日下午，××县民办幼教集团一分园发生一起校车中幼儿死亡事件。当天早上，幼儿园老师和校车司机接学生来校时，将一名3岁女童遗忘在校车上，下午送学生回家时，发现该女童已经死在校车内。经调查发现，此次事故是由于分园的接送老师彭某当天没有按要求清点下车人数，班主任刘某没有与接送老师彭某对接，也没有电话回访，造成该园小班学生被遗忘在校车内中暑死亡。公安局以涉嫌过失致人死亡罪，将幼儿园接送教师彭某刑事拘留；并追究幼儿园园长佘某的刑事责任，考虑其怀孕，取保候审。在事故调查组的积极处理下，幼儿园与受害人家属达成了赔偿协议，由该幼儿园赔偿受害人家属45万元。当地教育局责成该民办幼教集团对其涉事分园该班班主任刘某和当事司机予以开除处理，并对涉事分园下发了停园整改通知书。

问题：当地教育局的处罚是否合理？

知识准备

一、《校车安全管理条例》的颁布背景与意义

近年来，超载、超速、“黑校车”非法运营、行驶路段缺乏监管等导致校车安全事故频发，一连串伤亡事件使得校车安全日益成为人们关注的热点话题，由此也引发了社会对于如何保障幼儿最基本的生命权这一问题的严肃思考。为加强校车安全监管，保障乘坐校车学生的人身安全，建立保障校车安全的统一制度规范，国务院于2012年4月5日公布了《校车安全管理条例》(简称《校车条例》),《校车条例》自公布之日起施行。《校车条例》明确规定校车享有路上“优先权”，同时对校车服务对象范围、校车驾驶人条件、校车准入条件等作出规定。此外，条例还就超载、超速等违法行为专章规定了责任条款。

练一练

社会各方面应当为校车通行提供（　　），协助保障校车通行安全。

A.支持　　B.便利　　C.帮助　　D.方便

解析：正确答案为B。《校车条例》规定校车享有路上“优先权”，因此社会各方面应当为校车通行提供便利。

二、《校车安全管理条例》的文本理解

（一）总则

1.制定目的

《校车条例》第一条指出了制定目的：“加强校车安全管理，保障乘坐校车学生的人身安全。”

《校车条例》全文

2.适用范围

《校车条例》第二条通过对“校车”概念的界定，明确了《校车条例》的适用范围，即“用于接送接受义务教育的学生上下学的7座以上的载客汽车”。也就是说，《校车条例》专指小学、初中校车，不包括高中、大学校车。那么，是否包括幼儿园校车呢？《校车条例》第六十条规定：“县级以上地方人民政府应当合理规划幼儿园布局，方便幼儿就近入园。入园幼儿应当由监护人或者其委托的成年人接送。对确因特殊情况不能由监护人或者其委托的成年人接送，需要使用车辆集中接送的，应当使用按照专用校车国家标准设计和制造的幼儿专用校车，遵守本条例校车安全管理的规定。”因此，《校车条例》虽然未将幼儿用车纳入“校车”范畴，实质上是在本条例的基础上，对幼儿用车的安全管理提出了更高要求。我们所说的《校车条例》是适用于幼儿园校车管理的。

3.交通衔接

《校车条例》第三条对保障就近入学、发展城乡公交以及政府对校车服务的政策支持等作了衔接性的规定，明确了解决校车安全问题的总体思路是地方政府依法保障学生就近入学或者在寄宿制学校入学，减少学生上下学的交通风险。

4. 监管机构职责

《校车条例》第四条规定了国务院教育、公安、交通运输以及工业和信息化、质量监督检验检疫、安全生产监督管理等部门负责校车安全管理的有关工作。

《校车条例》第五条至第八条规定了县级以上地方人民政府、国务院标准化主管部门、生产校车的企业以及政府、学校、社会和家庭对于保障学生上下学交通安全的共同责任。

（二）学校和校车服务提供者

1. 校车运营主体的界定

根据《校车条例》第九条规定，校车运营主体分为两类：一是配备校车的学校，二是校车服务社会机构。学校可自主选择是否提供校车服务，但由政府设立的校车专门营运机构提供校车服务是大趋势，其他校车运营主体将成为校车服务的过渡和补充形式。

2. 校车运营主体的基本义务

校车运营主体是指配备校车的学校或校车服务的实际提供者，对校车安全管理负直接责任。根据《校车条例》第十条规定，校车运营主体的基本义务包括：

（1）建立健全校车安全管理制度。

（2）配备安全管理人员。

（3）加强校车的安全维护。

（4）定期对校车驾驶人进行安全教育。

（5）组织校车驾驶人学习道路交通安全法律、法规以及安全防范、应急处置和应急救援知识，保障学生乘坐校车安全。

3. 学校的安全管理责任

学校无论是否作为校车提供者，都是校车安全管理责任人。《校车条例》第十一条规定了由校车服务提供者提供校车服务的，学校除应签订安全管理责任书外，还应到相关部门备案。《校车条例》第十二条第一款进一步强调了学校对校车安全的管理责任。

4. 监护人的义务

《校车条例》第十二条第二款明确了监护人在配合校车安全管理中的义务。监护人就保障乘坐校车学生的人身安全履行配合义务，这是一种具有行政强制性的义务。

5. 管理部门监管职责

为了落实校车安全管理责任，保障乘坐校车学生的人身安全，《校车条例》第十三条规定了教育行政部门的监管职责，同时还规定了公安机关交通管理部门的辅助义务。

（三）校车使用许可

1. 申请条件

由于校车使用涉及人身安全、交通安全等社会重大利益，《校车条例》第十四条明确指出，使用校车应当依照《校车条例》的规定取得许可。取得校车使用许可应当符合的条件如下：

（1）车辆符合校车安全国家标准，取得机动车检验合格证明，并已经在公安机关交通管理部门办理注册登记。

（2）有取得校车驾驶资格的驾驶人。

（3）有包括行驶线路、开行时间和停靠站点的合理可行的校车运行方案。

（4）有健全的安全管理制度。

（5）已经投保机动车承运人责任保险。

2. 审批程序

《校车条例》第十五条规定："学校或者校车服务提供者申请取得校车使用许可，应当向县级或者设区的市级人民政府教育行政部门提交书面申请和证明其符合本条例第十四条规定条件的材料。教育行政部门应当自收到申请材料之日起3个工作日内，分别送同级公安机关交通管理部门、交通运输部门征求意见，公安机关交通管理部门和交通运输部门应当在3个工作日内回复意见。教育行政部门应当自收到回复意见之日起5个工作日内提出审查意见，报本级人民政府。本级人民政府决定批准的，由公安机关交通管理部门发给校车标牌，并在机动车行驶证上签注校车类型和核载人数；不予批准的，书面说明理由。”

练一练

> 《校车安全管理条例》规定使用校车应当取得（　　）。
>
> A.校车使用许可　　B.校车运营证
>
> C.校车使用登记　　D.校车注册登记
>
> 解析：正确答案为A。参见《校车条例》第十四条规定。

3.校车标牌使用管理

《校车条例》第十六条至第十九条对校车标牌的使用和管理作了一系列规定。校车标牌作为校车这一专用车辆的“身份证”，应载明必要事项，并按照规定提供校车服务。同时，《校车条例》还规定禁止使用未取得校车标牌的车辆提供校车服务。取得校车标牌的车辆，达到报废标准或者不再作为校车使用的，应交回校车标牌。

4.校车安全性能监管

《校车条例》第二十条至第二十二条对获得校车使用许可证的车辆在安全设备、安全技术检验、安全性能维护等方面作了相关规定，同时对校车维护承接方的资质及责任也作了严格规定。

练一练

> 《校车安全管理条例》规定，校车应当（　　）进行一次机动车安全技术检验。
>
> A.每季度　　B.每半年　　C.每一年　　D.每两年
>
> 解析：正确答案为B。参见《校车条例》第二十条规定。

（四）校车驾驶人

1.校车驾驶人资格

驾驶人的行为对校车安全行驶具有决定性作用，因此《校车条例》第二十三条规定了校车驾驶人应当依照规定取得校车驾驶资格。

（1）取得相应准驾车型驾驶证并具有3年以上驾驶经历，年龄在25周岁以上、不超过60周岁。

（2）最近连续3个记分周期内没有被记满分记录。

（3）无致人死亡或者重伤的交通事故责任记录。

（4）无饮酒后驾驶或者醉酒驾驶机动车记录，最近1年内无驾驶客运车辆超员、超速等严重交通违法行为记录。

（5）无犯罪记录。

（6）身心健康，无传染性疾病，无癫痫、精神病等可能危及行车安全的疾病病史，无酗酒、吸毒行为记录。

2. 校车驾驶资格审批

《校车条例》第二十四条规定机动车驾驶人须向县级或者设区的市级人民政府公安机关交通管理部门提交书面申请和证明，申请取得校车驾驶资格，并规定相关部门应在收到申请材料之日起5个工作日内审查完毕。

3. 校车驾驶资格审验

《校车条例》第二十六条规定校车安全管理实行校车驾驶人资格年检制度。对年度内表现合格的校车驾驶人予以续注，对存在违法、违规行为的校车驾驶人作出注销其校车驾驶资格签注。

4. 驾驶行为

校车驾驶人的行为规范能最大限度地减少人为交通事故。因此，《校车条例》第二十七条规定："校车驾驶人应当遵守道路交通安全法律法规，严格按照机动车道路通行规则和驾驶操作规范安全驾驶、文明驾驶。"

（五）校车通行安全

1. 校车行驶线路

《校车条例》第二十八条至第三十一条对校车行驶线路的安全管理作了相关规定，主要内容包括：

（1）校车行驶线路的确定应首先考虑避开危险路段，确实无法避开的应采取安全防护措施。

（2）校车行驶道路须符合安全通行条件，如出现不符情况或存在交通安全隐患的，相关部门应及时处理。

（3）校车运载学生，原则上应严格按照已审核确定并符合安全通行条件的线路行驶，但遇自然灾害、恶劣气象条件或者重大交通事故时除外。

（4）校车运载学生时具有优先通行权。这项特权虽然不同于警车、消防车、救护车等特殊专用车辆的优先权，但也最大限度地保障了校车的优先安全通行。

2. 校车停靠

《校车条例》第三十二条规定校车的停靠站点。这条规定尽量考虑到了学生的实际需求与安全。《校车条例》第三十三条规定校车的停靠方式。这条规定保障了校车安全停靠，降低学生上下车的风险。

3. 校车行车安全

超载、超速是校车发生交通事故的“第一杀手”，因此《校车条例》除了对道路路面和道路辅助设施等安全通行条件、道路安全通行秩序方面作了明确要求外，还在第三十四条、第三十五条对超员、超速等行车安全问题进行了专门规定。

4. 监管部门职责

为了有效保障校车通行安全，《校车条例》规定公安机关交通管理部门需要切实履行的相关监管职责。《校车条例》第三十一条规定：“公安机关交通管理部门应当加强对校车行驶线路的道路交通秩序管理。”第三十二条规定：“道路或者交通设施的管理、养护单位应当按照标准设置校车停靠站点预告标识和校车停靠站点标牌，施划校车停靠站点标线。”

（六）校车乘车安全

1. 学校和校车服务提供者职责

根据《校车条例》第三十八条的规定，学校、校车服务提供者可以通过对所指派的随车照管人员及驾驶人员的有效监督和教育，实现校车乘车安全管理职责。

2. 随车人员职责

《校车条例》第三十九条规定随车照管人员应当履行相应的职责：

（1）学生上下车时，在车下引导、指挥，维护上下车秩序。

（2）发现驾驶人无校车驾驶资格，饮酒、醉酒后驾驶，或者身体严重不适以及校车超员等明显妨碍行车安全情形的，制止校车开行。

（3）清点乘车学生人数，帮助、指导学生安全落座、系好安全带，确认车门关闭后示意驾驶人启动校车。

（4）制止学生在校车行驶过程中离开座位等危险行为。

（5）核实学生下车人数，确认乘车学生已经全部离车后本人方可离车。

3. 驾驶人员职责

《校车条例》第四十一条进一步明确驾驶人的职责，并在第四十二条指出校车发生交通事故时，驾驶人应与随车照管人员相互配合，彼此监督，共同保障学生乘车安全。

（七）法律责任

《校车条例》在法律责任部分对危害校车安全管理的违法行为应承担的法律责任作出了规定，主要内容有：

（1）生产、销售、使用不符合国家校车安全标准的校车的，给予吊销经营许可证、强制报废机动车、处以罚款等处罚。

（2）校车驾驶人违反规定的，给予罚款、吊销驾驶证、扣留车辆等处罚。

（3）违反《校车条例》的规定，危害校车道路交通安全的，给予罚款或其他处分。

（4）学校违反相关规定的，给予收回校车标牌、吊销办学许可证等处罚，发生重大事故的，追究责任人的责任。

（5）管理部门未按《校车条例》履行职责的，对负有责任的领导人员和直接责任人员依法给予处分。

（6）违反《校车条例》的规定，构成违反治安管理行为的，给予治安管理处罚；构成犯罪的，依法追究刑事责任。

第四节 《中小学幼儿园应急疏散演练指南》

案例导入

冬季来临，为加强全体师生的防火灾意识，安全用火，提高幼儿在火灾发生时的应变能力和自救、逃生、自我保护能力，××镇中心幼儿园组织全体师生开展了火灾应急疏散演练活动。演练分四步进行：第一步，各班教师为小朋友们讲解消防安全知识及自救自护方法；第二步，随着警报声响，各班教师迅速按规定的疏散线路带领幼儿弯下身体，快速、冷静且有序地下楼，撤离到安全地带，并向园长汇报班级实到人数、撤离人数情况；第三步，全园教师进行灭火器使用知识培训；第四步，园长总结此次演练的情况。演练前，园内制定了切实可行的演练方案，班级教师根据方案内容和要求组织幼儿学习了有关的防火灾安全知识，为演练做足了准备。演练活动从发出报警信号到所有信息汇报完成，共用时3分11秒，整个疏散演练过程秩序井然，动作迅速。

问题：上面活动体现了《中小学幼儿园应急疏散演练指南》的什么规定？

知识准备

一、《中小学幼儿园应急疏散演练指南》的颁布背景与意义

为进一步落实国家对应急疏散演练的要求，加强对中小学幼儿园应急疏散演练工作的指导，提升学校应急疏散演练的组织和管理水平，保证应急疏散演练方案设计的科学性、可操作性和应急疏散演练实施的有效性，强化师生安全意识和应急避险能力，以及培养学生终身受益的安全素养，2014年2月22日，教育部办公厅印发《中小学幼儿园应急疏散演练指南》（简称《演练指南》）供各地学校在日常安全管理和集中组织应急疏散演练时参考。

《演练指南》对应急疏散演练的各个环节步骤提出明确的指导性意见和

规范性要求，对于中小学幼儿园设计和组织应急疏散演练有重要指导作用。

二、《中小学幼儿园应急疏散演练指南》的文本理解

《演练指南》全文

（一）“基本说明”部分

1. 编制依据

《演练指南》的编制依据了《中华人民共和国突发事件应对法》《国家突发公共事件总体应急预案》《国务院生产安全事故报告与调查处理条例》《教育系统突发事件应急预案》《中小学公共安全教育指导纲要》《中小学幼儿园安全管理办法》《学生伤害事故处理办法》等法律法规。

2. 目的意义

《演练指南》最直接的目的便是指导中小学、幼儿园应急疏散演练科学、有效地进行。

3. 适用范围

《演练指南》对应急疏散演练的各个环节、步骤提出了明确的指导性意见和规范性要求。其适用对象是全国普通中小学、幼儿园，内容适用于“开展针对地震、火灾、校车事故等的应急疏散演练”的参考。此外，还适用于中小学、幼儿园反恐、防暴演练的指导。

4. 基本原则

《演练指南》强调了四项基本原则。

（1）精心准备，科学组织。

这一原则既明确了准备工作要充足、细致；又强调要兼顾科学合理性，“严防拥挤踩踏事故”“保证疏散演练既安全有序又有效快速”。

（2）着眼实战，注重细节。

这一原则明确“演练要立足于模拟紧急事件发生时的真实情景”的要求，即演练不是简单地跑一跑、躲一躲，要着眼于实践要求；此外还强调了演练方案应细化、落实到各个环节。

（3）明确目标，循序渐进。

这一原则既明确了应急疏散演练最终的时间目标“一般是 2 分钟左右”，又强调了从实际出发，循序渐进设定合理的应急疏散演练目标。

练一练

> 应急疏散演练中，从疏散信号发出到全体师生（除伤病师生外）疏散完成，原则上楼层较低（4 层以下）、安全出口合理、通道通畅的学校应控制在（　　）之内。
>
> A. 1 分钟　　B. 2 分钟　　C. 3 分钟　　D. 4 分钟
>
> 解析：正确答案为B。

（4）立足实际，务求实效。

不同地区的不同学校具有不同的条件，面临不同的情况，《演练指南》提出的这一目标强调了“要紧密结合学校自身实际”，合理演练，及时整改，务必达到实效。

（二）“演练过程”部分

1. 演练准备阶段

预防踩踏事故

演练准备阶段应包括：制定演练方案、成立演练组织结构、演练前安全教育、演练前师生身体问题检查及其他准备工作。

（1）制定演练方案。

演练方案的科学性决定了演练过程的合理性，因此，这部分明确规定了制定演练方案的依据、各个内容要素和具体的要求。

依据：既要考虑学校实际情况，又要依据《国家突发公共事件总体应急预案》《教育系统突发公共事件应急预案》等应急预案。

内容：应包括演练主题、演练目的和意义、演练时间和地点、参与演练人员、演练组织结构及人员分工、演练准备工作、疏散路线、演练流程、保障措施、善后处置和信息报告等内容。

要求：应做到内容完整、简洁规范、责任明确、路线科学、措施具体、便于操作。此外，还对应急疏散场所、应急疏散通道、应急疏散路线、应急疏散用语、应急警报信号、疏散时间、应急演练次数等七个方面进一步提出了详细具体的要求。

（2）建立演练组织机构。

学校应根据演练方案的要求，建立、健全演练组织机构。成立由校长、有关校领导及工作人员组成的演练指挥部（领导小组），全面负责演练活动的组织领导和协调指挥工作，同时落实每位成员在演练中的具体工作。《演练指南》还详细规定了演练指挥部及其下设的组织协调组、宣传报道组、疏散引导组、抢险救护组、后勤保障组的各项职责。

（3）演练前安全教育。

学校应根据演练的主题，在演练前通过多种途径和方式，向全校师生宣讲疏散演练方案，让师生明确演练的必要性、基本步骤及各项要求等。

（4）演练前师生身体问询检查。

演练前要对师生身体情况做一次问询检查，凡有特异体质（先天性心脏病、癫痫等）的师生，演练前发烧、腿受伤等不宜进行紧张和奔跑活动的师生，要给予特殊考虑和安排。

（5）其他准备工作。

《演练指南》明确了演练准备阶段的其他工作要求，主要包括：加强协调宣传工作、印制演练相关文件、张贴疏散线路图和指示标志、准备演练器材等。

2. 演练实施阶段

《演练指南》对演练实施中的避险科目、疏散科目的演练步骤和要求进行了详细的阐述。一般情况下，防震疏散演练依次实施避险科目、疏散科目；消防疏散演练直接实施疏散科目。学校可根据实际，酌情增加或强化医疗救护、卫生防疫、人员搜救、治安维护、火灾处置、危化品处置等科目及内容。

（1）避险科目。

步骤：总指挥宣布演练开始指令→避险警报信号→师生避险。

要求：保持镇静，就近避险，保护头部，降低重心等。

（2）疏散科目。

步骤：疏散指令→疏散警报信号→师生有序疏散→集合统计人数、物资→向总指挥报告→总指挥宣布演练结束。

要求：服从指挥，快速有序，捂住口鼻，摔倒呼救，护住脏器等。

资料链接

应急疏散演练应处理好的关系

一是处理好有序和迅速的关系。应急疏散演练的核心是有序、迅速，目的是确保安全。有序强调约束、规律，是动态的，应急疏散绝不能发生拥挤踩踏。迅速即速度快，确保疏散演练既安全有序，又快速有效。

二是处理好实战与目标的关系。应急疏散演练的最终时间目标一般是2分钟左右，这需要通过常态化的演练来实现。演练要立足实战，模拟地震、火灾、校车事故等，通过实战循序渐进地实现目标。

三是处理好演练频次与常态的关系。《演练指南》要求中小学每月至少要开展一次应急疏散演练，幼儿园每季度至少要开展一次应急疏散演练。应急疏散演练从根本上讲，应常态化。通过常态化的应急演练，真正做到熟能生巧、以不变应万变。

资料来源：卢林.《中小学幼儿园应急疏散演练指南》解读[N].中国教育报，2014-03-27（6）.

3. 演练总结阶段

《演练指南》特别强调应做好演练总结，主要包括现场总结讲评和后期总结评估。演练结束后，总指挥应及时对演练组织情况、演练目标及效果、演练中暴露的问题及解决方法等进行现场讲评。此外，各部门和有关人员通过访谈、填写评价表、提交报告等方式，进行后期总结评估。

行走在童心世界里的爱心“园丁”

知识检测

一、单选题

1. 洋洋在自由活动时自行从幼儿园走出，在人行道上被一电动车刮伤，对洋洋的伤害有赔偿责任的是（　　）。

A. 幼儿园　　B. 车主　　C. 父母　　D. 幼儿园和车主

2. 幼儿园放学后，大班幼儿晨晨在父亲的陪同下留在园内玩耍，不慎摔伤，在此过程中，幼儿园的行为并无不当，对此，承担事故责任的主体应是（　　）。

A.晨晨　　B.幼儿园

C.幼儿园及晨晨的监护人　　D.晨晨的监护人

3.小学、幼儿园应当建立（　　）上下学时接送的交接制度。

A.低年级学生、幼儿　　B.低、中年级学生、幼儿

C.所有学生　　D.以上都不是

4.演练时疏散引导组要在第一时间赶到指定位置（楼梯口、转角处、楼门口等）引导疏散，指挥学生保持秩序，控制速度，逐次疏散。下列呼喊提示语不合时宜的是（　　）。

A.“大家注意脚下，防止滑倒；保持秩序，不要拥挤”

B.“注意保护头部，小心坠物；有人摔倒了，大家小心”

C.“不要向回跑，不要捡东西”

D.“你不要低头满地找掉了的东西，掉了东西别管，跟你说多少遍了，叫你不要管，你抓紧跟上队伍”

5.演练前要对师生身体情况做一次问询检查。对有特异体质（先天性心脏病、癫痫等）的师生，以及演练前发烧、腿受伤等不宜进行紧张活动的师生，应如何处理？（　　）

A.不管不问　　B.给予特殊考虑和安排

C.要求必须参加　　D.鼓励带病坚持

二、材料分析题

一次在中班的户外大型器械游戏中，新转入该园1个月的丫丫正兴奋地爬上滑滑梯，王老师特意提醒小朋友们要注意安全，并站在滑梯旁指导游戏。当丫丫滑到滑梯底部时，突然晕厥过去。负责组织活动的王老师安顿好其他小朋友后立马将丫丫送至医务室进行抢救，并第一时间通知家长来园。后经医院检查发现，丫丫患有严重的营养性贫血，家长认为责任在幼儿园，于是每日都纠集一群社会人员到园闹事，索取“赔偿”。后经过事故调查发现，家长从事油漆买卖生意，孩子长期处于甲醛环境中而导致此疾病。

问题：丫丫晕倒的责任应该由谁来负？

实践活动

幼儿园应急疏散演练方案

[活动目的]

帮助学生了解灾难发生时的应急逃生知识，掌握应对灾难发生时采取的防护措施和方法，提高学生应对突发事件风险的意识。

[活动过程]

假如你是一名幼儿园园长，接上级指示要在幼儿园中开展一次应急疏散演练，这次演练由你负责，你打算如何组织这次应急疏散演练？请写出设计方案，设计方案需涉及以下内容：

（1）演练目的。

（2）演练安排。

（3）演练准备。

（4）演练要求。

（5）组织机构和职责。

（6）演练程序。

（7）演练后检查。

[活动总结]

你在制定方案的过程中有哪些收获？遇到了哪些问题？你是怎么解决这些问题的？

下篇

PART 2

保教职业道德

第六章

保教人员职业道德规范

学习起航

保教人员职业道德是保教人员在教育实践中道德认知与道德行为的真实写照，它不仅涉及保教人员自身素养的养成，更关系到幼儿道德观念的形成，影响幼儿园的正常生活秩序。本章我们就来了解保教人员职业道德规范。

学习目标

素质目标：

1. 通过对职业认同的了解，学会热爱自己的职业，爱岗敬业，不断地钻研学习，一丝不苟，精益求精，为社会、为国家作出自己的奉献。

2. 通过对自我专业发展的了解，树立终身学习理念，养成主动的、不断探索的、自我更新的、学以致用的学习习惯。

知识目标：

1. 了解正确的保教人员职业观念。
2. 掌握保教人员理解和关爱幼儿的方法。
3. 理解保教人员对保教工作的责任与信念。
4. 掌握保教人员发展自我专业的方法。

能力目标：

1. 能够自觉遵守保教人员职业道德。
2. 能够尊重家长，热情服务家长。

第一节　树立正确的职业观

案例导入

从很小的时候起，我就向往成为一名光荣的保教人员。15 年前，我终于圆了自己儿时的梦想，成为一名保教人员。15 年过去了，有时候感觉特别累，每天总有系不完的鞋带，总有擦不尽的鼻涕。某星期一，我发现班上有几个小朋友在升国旗的时候讲话，本想去制止他们的行为，但我最终停下了脚步。回到教室，我就告诉小朋友们："国旗是我们伟大祖国的象征，是无数先烈长期奋斗牺牲得来的，人人都要尊敬和热爱国旗。我们每个星期一都举行庄严的升旗礼，升旗的时候要唱国歌、行注目礼。"这时一个小朋友就说："老师，我看到有老师在升旗的时候，还在悄悄说话，他们的眼睛也没有跟着国旗升起，为什么我们就必须唱国歌、行注目礼呢？"孩子的这番话，让我犹如被锤重重地敲了一下。

问题：教师该如何对学生产生正面影响？

知识准备

一、爱国守法，依法执教

爱国守法、依法执教是指保教人员要热爱祖国，热爱人民，拥护中国共产党领导，拥护社会主义，全面贯彻国家教育方针，自觉遵守教育法律法规，依法履行保教人员的职责权利，不得有违背党和国家方针政策的言行。保教人员要认真学习宪法和法律，严格依照宪法和法律规范自己的言行，忠于人民的教育事业。爱国守法、依法执教是保教人员从事教育活动的先决条件。

（一）爱国守法是保教人员职业道德修养的基础

保教人员热爱祖国要具体体现在热爱党、热爱社会主义、热爱教育、为祖国的教育事业无私奉献上。要正确认识和把握中国特色社会主义的历史必然性，不断树立为共产主义远大理想和中国特色社会主义共同理想而奋斗的信念和信心，正确认识时代责任和历史使命。遵纪守法是社会向每一个公民提出的基本要求，也是每一个公民应尽的义务和责任。保教人员在教育教学活动中必须做到知法、守法和护法。

爱国

贯彻精神

> 党的二十大报告指出，要“深入开展社会主义核心价值观宣传教育，深化爱国主义、集体主义、社会主义教育，着力培养担当民族复兴大任的时代新人。推动理想信念教育常态化制度化，持续抓好党史、新中国史、改革开放史、社会主义发展史宣传教育，引导人民知史爱党、知史爱国，不断坚定中国特色社会主义共同理想”①。

（二）依法执教是保教人员职业道德修养的底线伦理

所谓依法执教，就是要求保教人员在所从事的教育教学活动中，严格按照宪法和相关法律、法规，使自己的教育教学活动合法合规。它是判断保教人员行为是非善恶的最根本的道德标准。一方面，它可以使保教人员在教育活动中的劳动有法可依；另一方面，它加强了法律对教育事业的保障和促进，保障了保教人员职业的纯洁性。

（三）保教人员爱国守法、依法执教的具体要求

首先，保教人员需要了解我国的教育法律和行政法规，特别需要熟知与学前教育相关的法律法规及政策，深刻理解我国学前教育的方针、政策，以及阶段性的学前教育事业发展目标等。当然，对国际上一些相关法规的了解也有利于保教人员更好地理解我国学前教育法律法规出台的国际背景，从而能够更深刻地领会这些法律法规的内在精神。

其次，保教人员需要总结与体悟国家基本教育方针和主流学前教育思想，以便能够在教育实践中贯彻落实，如理解我国对学前教育的定位是强调其基础性、先导性和公益性。

最后，保教人员需要在实践中勤于反思，对照法律法规中的具体规定

① 习近平．高举中国特色社会主义伟大旗帜 为全面建设社会主义现代化国家而团结奋斗——在中国共产党第二十次全国代表大会上的报告 [R]. 北京：人民出版社，2022：44.

反思自己的教育实践活动，时时检视并不断完善自己的专业理念和师德，这样才有可能在保教工作中全面贯彻落实党的教育政策和学前教育法律法规。

练一练

一名教师因生活中遭受了不公而在课堂上对党和国家的教育方针和政策进行了抨击，从职业道德的角度看，该教师没有做到（　　）。

A.爱岗敬业　　B.为人师表　　C.爱国守法　　D.教书育人

解析：正确答案为C。爱国守法要求教师必须做到热爱祖国，热爱人民，拥护中国共产党领导，拥护社会主义，全面贯彻国家教育方针，自觉遵守教育法律法规，依法履行教师职责权利，不得有违背党和国家方针政策的言行。

二、爱岗敬业，忠于职守

爱岗敬业是从事保教职业、做好保教人员的前提与基础，是指敬重自己所从事的职业，对自己的职业有着强烈的认同感和责任意识，自动自发地投入全部的精力和热情，包含着成就事业的高尚情感和努力践行的作风与奉献精神。爱岗敬业是保教人员履行职责的自觉性和承担使命的责任感的集中体现。

爱岗敬业

忠于职守有两层含义：一是忠于职责；二是忠于操守。忠于职责，就是保教人员要自动自发地担当起保教人员岗位职能设定的工作责任，优质高效地履行好各项义务。忠于操守，就是保教人员在教学工作与为人处世中，必须忠诚地遵守保教人员职业的社会法则、道德法则。

（一）忠诚于人民教育事业是保教人员爱岗敬业的灵魂

爱岗敬业指的是忠于职守的事业精神，这是保教人员职业道德的基础。爱岗就是保教人员应该热爱自己的本职工作，安心于本职岗位，稳定、持久地在保教人员的职业天地中耕耘，恪尽职守地做好本职工作。敬业就是保教人员应该充分认识本职工作在社会经济活动中的地位和作用，认识本职工作的社会意义和道德价值，具有职业的荣誉感和自豪感，在职业活动中具有高度的劳动热情和创造性，以强烈的事业心、责任感从事保教工作。

保教人员爱岗敬业，重要的是要热爱幼儿教育工作，积极从事幼儿教育工作，忠诚于人民的教育事业。这既是保教人员职业道德的基本原则，又是保教人员职业道德的重要规范。它鲜明地表达了保教人员职业道德的服务宗旨，指明了保教人员道德行为的总方向。

（二）爱岗敬业、忠于职守是对保教人员职业的本质要求

爱岗敬业、忠于职守是指保教人员要热爱本职工作，尽职尽责，把全部心血和精力投入幼教事业中，这是保教人员做好本职工作的思想基础。其基本要求是：对教育事业有高度的责任感和强烈的事业心，热爱教育，热爱岗位，尽职尽责，保教并重，注重培养幼儿良好的思想品德，不传播有害幼儿身心健康的思想，牢固树立保教并重的教育理念，努力促进幼儿德智体美劳全面发展。

练一练

对于学习困难的学生，优秀教师总是耐心地进行个别辅导。他们这样做的关键原因是其（　　）。

A. 教学风格　　B. 敬业精神　　C. 教学水平　　D. 知识水平

解析：正确答案为B。爱岗敬业是教师职业的本质要求。现代教学活动是以班级授课制为基础的，但是学生的学习是有个性的、有个体差异的，因而集体教学与个别辅导必须结合起来。优秀教师会对学习困难的学生进行个别的辅导，他们这样做的关键原因是其对教育的敬业精神。

三、专业认同，恪守职责

专业认同是保教人员从敬业精神到专业自觉跨越的基础。保教职业不同于其他职业，它不仅关乎保教人员自身未来的发展，它对学生未来的影响更是长远而不可逆的，所以尤其需要构建坚实的职业认同。职业认同作为保教人员职业道德建设的前提与基础，可视为保教人员专业成长的起点。

保教人员需要认同幼教职业的专业性，并有意识地提高自己的专业素养，使自己成为一位称职的专业人员。一名保教人员只有认识到自己所从事的职业的专业特性，才可能以一个专业人员的整体要求来提升自己的专

业素养，并以自身的专业素养向社会展示其专业形象，逐步实现个体的专业发展和群体的专业化。

四、为人师表，以身立教

为人师表

（一）为人师表的含义和特征

保教人员是以言传和身教的方式来影响、教育学生的。幼儿不仅学习保教人员传授的知识和技能，还学习和模仿保教人员的穿着、声调、走路及其各种动作。在他们的心目中，保教人员的言行往往就是道德的标准。保教人员的一言一行，都对幼儿起着耳濡目染的作用。所谓为人师表，是指保教人员要在各方面都成为学生和社会上人们效法的楷模。为人师表是保教人员职业道德区别于其他职业道德的显著标志，是对保教人员的特殊规范，它有自己独具的特征。

1. 保教人员工作对象的“向师性”决定了为人师表具有鲜明的示范性

保教人员从教的对象是幼儿，幼儿的特点是好学习、爱模仿、精力充沛、求知欲强、有好奇心、可塑性大。他们往往具有“向师性”，具有尊重、崇敬教师，乐意接受教师教导的自然倾向。保教人员在从教过程中，通过自己的思想和品德、知识和才能、情感和意志，在言行、举止、仪表上都在为幼儿作表率、起示范作用。

2. 保教人员劳动任务的性质决定了为人师表具有突出的严谨性

保教人员的劳动是教书育人。保教人员在完成任务的过程中，一方面要用自己的知识和才能来教育学生学习各类知识和技能；另一方面要以自己高尚的思想品德和行为教育并影响学生，让学生在耳濡目染、潜移默化中受到感染，接受教育，懂得做人的道理，学会做人。保教人员的思想、品德、言行、习惯是作用于幼儿的不可缺少的教育手段。保教人员是幼儿学习的榜样，因而必须时时处处为幼儿作出表率，树立榜样。同时，保教人员的言行举止、行为表现也受到幼儿和社会成员的监督。这就要求保教人员不仅在课堂上、在幼儿园里的一切言行举止严格和谨慎，而且在家庭中、社会上为人们作出榜样；不仅在语言、仪表上作模范，而且在思想、行动中作表率；不仅在工作态度、学习精神上为幼儿和他人作楷模，而且在政治思想、道德品质、生活修养等方面率先垂范。

3. 保教人员从教的自身需求决定了为人师表具有重要的激励性

保教人员从教的自身需求是实现个人的社会价值。身教重于言教，保教人员的道德品质和行为举止是强有力的教育因素，是任何教科书、任何道德箴言、任何惩罚和奖励制度都不能代替的一种品质。为人师表这一师德规范首先激励保教人员用自己的行为、举止、仪表、语言为幼儿和他人作榜样。同时，保教人员的示范、榜样作用也激励和引导着幼儿学习和模仿高尚的品德与情操，还可以激励社会上的人们，注重自己的言行举止，学习优良品格。

（二）为人师表、以身立教是对保教人员的要求

为人师表、以身立教是指保教人员在教育教学过程中，要用自己高尚的言行为幼儿作出表率，从而影响幼儿、教育幼儿。其基本要求是：遵守劳动纪律，尊重社会公德，举止文明礼貌，语言健康规范，衣着整洁得体，教态端庄大方，生活检点，作风正派，以身作则，注重身教。

为人师表、以身立教是幼教职业的内在要求，对于学前教育工作具有特殊的重要意义，可以说是对保教人员良好师德的高度概括，对幼儿发展发挥积极的影响和教育作用。

五、团队合作，和谐发展

（一）保教人员团结合作的道德意义

1. 团结合作是实现教育目标，保证教育连续性和一贯性的客观要求

现代教育担负着培育创新人才的使命，这一伟大而艰巨的教育工程不是哪一位保教人员所能独立完成的，它需要全体保教人员的通力合作。只有全体保教人员团结一致，相互协作，形成集体的智慧和教育的合力，才能产生良好的教育效果，才能培养出德智体美劳全面发展的有理想、有道德、有文化、有纪律的“四有”接班人和新型劳动者。一个团结合作的集体是实现教育目标的关键所在。

2. 团结合作是提高保教人员的专业发展水平，增进保教人员归属感和幸福感的重要途径

团结合作不仅有利于保教人员群体形成合力，建立整体的教育智慧，也有利于保教人员自身素质和能力的全面提高。一个优秀的保教人员的成

长有赖于与同事们教育教学经验的交流，发挥集体的协作精神，取长补短，完善自身。此外，建立良好的人际关系是一个人保持心理健康的重要条件。团结合作的氛围能极大地激发保教人员的创造力和表现力，保教人员不仅可以拥有彰显个人价值和独特性的机会，还能体验到职业生活中的归属感和幸福感。保教人员精神生活的充实既来源于个人在工作中所获得的成就感，也来源于周围世界的和谐与融洽。

3.团结合作是形成良好育人氛围的重要保障

良好育人氛围的形成离不开保教人员的团结合作精神，因为保教人员集体的风貌是构成育人氛围的主体，只有团结合作的保教集体才能培养出良好的幼儿集体，才有形成良好育人氛围的基础。

（二）保教人员团结合作、和谐发展的基本要求

团结合作、和谐发展是教育事业的内在要求，是保教人员专业活动的基本方式，也是保教人员专业素养的基本要求之一。保教人员在其工作中所进行的合作是广义上的合作，不仅指教师之间的合作，也指教师和幼儿家长、社区甚至与幼儿之间的合作。当然，其中最重要的是保教人员之间的合作。现代意义上的保教人员之间的合作是建立在将幼儿园作为一个学习共同体的理念基础之上的，保教人员通过合作可以获得心理上的支持、知识上的共享和能力上的互补，以团队的形式有质量地完成保教工作，并通过相互学习获得共同的提高与发展。

案例分享

争做“四有”好老师，微光汇聚共同成长

一个优秀的集体，离不开干事创业、开拓进取的个体努力，也离不开坚守信念、迈向卓越的团队成长，这些都是合阳教育发展的真实写照。

一、凝聚力量，逐梦前行

合阳县幼儿园“微光团队”是一支有机智、有活力的团队，有“微光引领人”龚艳丽老师、有“水墨领军人”张蕊老师、有“心灵手巧”夏莉老师，还有“全能小将”车丹老师。近几年，组内四人荣

获各级各类的模范班主任、优秀教师、优秀辅导教师等荣誉。

二、智慧碰撞，引领教研

“微光团队”一起研读《3～6岁儿童学习与发展指南》《幼儿园保育教育质量评估指南》等文件，挖掘游戏化教学在艺术领域的开展。在日常教学中，她们以团结、互助、创新的工作作风，积极探索行之有效的教学模式，全面提高幼儿的艺术素养。

三、涵养艺术，美美与共

“每个幼儿心里都有一颗美的种子。”“微光团队”充分挖掘美工区的教育价值，在美工区投放了丰富的材料，让孩子们通过水墨游戏、借形想象游戏、创意花坊小游戏、色块变变变等艺术游戏活动，激发幼儿学习的兴趣，让幼儿感受中国传统文化的精神，引导幼儿发现、感受和表现生活中的美，培养他们的审美情趣，激发他们大胆创作的喜悦。

四、微光汇聚，提升修养

“微光团队”全力迎战艺术活动，在全县建党100周年书画比赛中，取得优异成绩。“大班美术借形想象画的实践与研究”课题，荣获渭南市基础教育成果三等奖。在展示幼儿作品方面，有“一月一主题”“一班一走廊”“全员书画展”等形式，在扮靓了校园的同时，也给予幼儿极大的展示空间，使幼儿感受到了成功的喜悦。

“微光”聚力前行，辐射引领。她们坚韧不拔、吃苦耐劳、奋勇向上，敢创新、敢探索，愿付出、肯担当，组员齐心协力、互帮互助，相互督促、快速成长。她们坚持发挥团队先锋模范作用，丰富园所文化，以昂扬的姿态向高品质学前教育梯队迈进，引领全园教师共同成长。

第二节 树立正确的儿童观

案例导入

“五一”假期结束后，楠楠一进教室，就马上走到自然角去探望小金鱼和蝌蚪。“小金鱼没有了！”楠楠大叫起来。邓老师很吃惊地走过去看，以前游来游去的小金鱼不见了，只剩下两个小鱼头躺在缸底的水草下，几只蝌蚪竟然正在啃鱼头。蝌蚪吃金鱼的事立刻引起了孩子们的注意。早餐结束后，邓老师决定利用这次机会，组织孩子们讨论小金鱼的死因。孩子们分小组进行了热烈讨论。他们列出了几种可能的原因。

（1）天气闷热致死。放假期间，天气一直有些闷热。

（2）水污染致死。因为涵涵曾经将肥皂泡吹到鱼缸里，大家觉得可能是水污染导致金鱼死亡。

（3）金鱼吃得太饱，胀死了。小杰家的金鱼就是这样死的。

（4）金鱼是饿死的。放假期间没人给金鱼喂食，它们就饿死了。

邓老师继续组织幼儿讨论什么样的喂养方式是正确的。大家纷纷发表意见。随后，邓老师指导孩子们把金鱼从鱼缸里捞出来。有的孩子提出要把金鱼埋葬到草丛里，邓老师答应了，给孩子们拿来铲子，孩子们很认真地把他们心爱的金鱼埋好。

问题：从儿童观的角度分析邓老师的做法是否正确。

知识准备

一、关爱幼儿，全面育人

热爱幼儿，是保教人员的天职，是教育幼儿的前提，是保教人员必须具备的情感品质，是保教人员热爱祖国、热爱人民、热爱和谐社会的具体体现，也是保教人员必须遵循的职业道德规范。

关爱儿童，各地在行动

（一）关爱幼儿是保教人员的天职

爱是保教人员与幼儿之间最有力、最自然的联结点，是打开幼儿心灵的金钥匙。保教人员的爱是一种崇高的社会情感，他们既要有父母之爱的细腻、深刻，同时又要以理性的方式和客观的态度去涵盖一切的儿童和儿童的一切。从某种意义上来讲，保教人员的爱是一种高于母爱的、无私的、伟大的爱。正是保教人员的爱，为幼儿的学习和生活创造了一种和谐、温暖、健康的精神环境，幼儿才能在这种环境中感到愉快、安全和自由，在积极、愉快、向上的情绪中自觉地接受教育，积极主动地得到发展。

（二）关爱幼儿的基本要求

关爱幼儿是保教人员必须遵守的道德底线，是幼教职业区别于其他任何一种职业的本质特征之一。保教人员对幼儿的关爱与其他人对幼儿的关爱不一样，这是一种带有教育意蕴的、区别于一般人文关怀的“教育之爱”。保教人员所面对的对象是还没有自理能力和自卫能力的相对柔弱的幼儿，幼教职业的神圣就在于它从弱者（幼儿）出发的意识。实际上，在整个学前教育阶段，保教人员的“养护者”或者说“照料者”的角色都是至关重要的。这种养护和照料不仅有对幼儿生命安全的保护、对幼儿生活的照料，更包含着对幼儿情绪情感状态、人格个性品质、社会行为等多方面心理发展的关注与呵护。

案例分享

尊重个体差异

有个名叫丁允哲的幼儿，开学初每次画画，他总是光坐着，不画画。老师问：“你怎么不画呀？”他说：“老师，我不会画。”针对这一情况，老师开始对他进行了几天的观察，发现他不是不会画，而是胆小不敢下手画，怕画坏了被老师批评，对自己没有足够的信心。

一次，老师在“小兔”绘画活动中发现他开始画了，但画得很脏，一张白纸上有好几处黑疙瘩。每当老师走到他身边，他都会紧张地用双手捂住画，双眼注视着老师，生怕被老师批评。收画时，老师又像往常一样一个一个收起来。老师说：“丁允哲小朋友画画有进步了，你们看，他画的花草多好看呀！”听了老师的表扬和鼓励，他高兴地露出了微笑。接着，老师又说：“但就是有点脏，希望你今后画得干净一点，好吗？”之后，每次在画之前老师就先提醒他注意画面的整洁。因为老师采取了有目的的引导，少批评、多鼓励和表扬的方法，经过一段时间，丁允哲逐渐从老师的肯定和信任中获得了强大的动力，开始对自己有了信心，绘画水平有了明显的提高，绘画的兴趣也增强了。

二、尊重幼儿，以人为本

（一）尊重幼儿作为“人”的尊严与权利

“幼儿为本”的第一要义就是尊重幼儿的权利。幼儿作为独立的“人”，拥有自己的基本权利。保教人员应当热爱幼儿，尊重幼儿人格，理解、尊重并保护幼儿参与与自身有关的一切活动并发表自己意见的权利。让每一个幼儿愉快地、有尊严地度过童年生活，应当成为每一位保教人员坚定的教育信念。

（二）尊重幼儿成长发展的自然规律

“幼儿为本”就是要尊重幼儿成长发展的自然规律。保教人员必须理解幼儿的学习与发展规律是不以成人意志为转移的，应当怀着敬畏之心去不断地探索、发现并遵循这些规律，通过创设良好的教育环境，让幼儿在游戏中、生活中学习、发展，健康成长。

（三）尊重幼儿的独立人格和自我意识

尊重幼儿人格就是要将幼儿视为平等的人格主体予以尊重。保教人员对幼儿人格的尊重体现在三个层次：第一个层次是认识到虽然幼儿年龄小，思想不成熟，但也是一个有着自己想法、观点的能动个体，幼儿的人格、观点、想法及权益应该受到尊重和重视；第二个层次是要将幼儿的想法、观点及权益作为自己设计、组织教育活动的起点和依据，所采取的教育教学行为不能无视甚至损害幼儿的合法权益；第三个层次是及时制止不尊重幼儿人格、侵害幼儿权益的行为和现象，或向相关部门反映，用自己的实际行动保护幼儿的人格和合法权益。

幼儿的自我意识是幼儿社会适应性发展的基础，没有良好的自我意识就没有良好的社会适应性。自我意识包括自我感觉、自我评价、自尊心、自信心、自制力、独立性等。尊重幼儿，就是要注意保护孩子的自尊心。幼儿的自尊心是他们成长的动力。保护幼儿的自尊心，增强他们的自信心，是保教人员的责任。保教人员应懂得幼儿的自尊心是他们一生做人的资本，绝不容伤害与践踏。

练一练

秦老师按照行为表现把班里的幼儿分为“精英组”“平民组”“娱乐组”，其中“娱乐组”里都是调皮的孩子，秦老师的做法（　　）。

A. 尊重幼儿发展的个体差异　　B. 体现因材施教的教育理念

C. 未能平等公正地对待幼儿　　D. 未能培养幼儿良好品行

解析：正确答案为C。“关爱学生”要求教师关心爱护全体学生，尊重学生人格，平等公正地对待学生。

三、注重幼儿的生活价值

（一）幼儿的生活价值是其生命价值的体现

生命的存在状态是生活，生活的根本内涵是生生不息的生命的展现形式。教学作为关照人的生命的活动是在生活中进行的，离开了生活，生命就失去了根基，教学也就失去了存在的意义。一个好的保教人员，应该在生活教育过程中，突出幼儿的主体地位，发挥幼儿的主体作用，以全新的方式引导幼儿在生活中学习，在生活中成长。

（二）幼儿的生命是幼儿园教学的出发点

幼儿的生命是幼儿教育的原点，而幼儿教育源于幼儿生命发展的需要，因此幼儿教育应关注幼儿的生命。关注幼儿的生命，就要正确地认识儿童，树立正确的儿童观，并且解放儿童，让儿童自由自在地成长，这样才能使每一个幼儿的生命都绽放出绚丽的光彩。幼儿的生命是幼儿园教学的思考原点，幼儿园教学是幼儿生命的促发剂。若教育违背或外在于幼儿发展的顺序、特性，对幼儿的发展是十分有害的。

（三）幼儿的生活对于幼儿的成长具有重要作用

幼儿园教育应尊重幼儿身心发展的规律和学习特点，充分关注幼儿的经验，引导幼儿在生活和活动中生动、活泼、主动地去学习。幼儿园教学应关注幼儿的日常生活，关注日常生活给予幼儿的各种发展机会，关注日常生活中的种种价值与意义，关注幼儿在日常生活中的每一个疑惑、困难与问题，关注幼儿在日常生活中的每一个发展历程。通过让幼儿不断获得丰富的经验来促进其生长和发展。教学要结合幼儿的生活，让幼儿用自己的眼睛和手去观察、触摸大自然中的花草虫鱼，发展幼儿的认知、观察、分析、探索能力，发展幼儿积极的情感和态度。只有在真实的、自然的生活中，幼儿才能获得和谐的发展。

第三节　树立正确的保教观

案例导入

分组活动时，琦琦跑过来跟姜老师说："老师，元元他们往滑梯里吐唾沫，不让我们滑。"姜老师急忙走了过去，忽然听到元元嚷道："快看，唾沫下滑了。"姜老师把要说的话咽了回去，站到这群男孩背后："真的在滑了，大家知道为什么吗？"见姜老师没有批评他们，孩子们活跃起来，迪迪说："我知道，因为滑梯是斜的，很光滑，唾沫像水一样，所以就流了下来。"姜老师说："迪迪说得很对，但是你们往滑梯上吐唾沫，对不对？""不对！""随地吐痰不对，往滑梯上吐也不对。""不讲卫生。"小朋友们抢着回答。那几个男孩说："我们以后不随便吐，我们把滑梯擦干净吧！"恺恺拿出纸巾将滑梯上的唾沫擦干净，滑梯前又排起了队。

问题：姜老师的教育行为是否正确？

知识准备

一、坚持保教结合

保教结合

"保教并重"是幼儿园教育的基本原则，是每一名保教人员的工作职责，也是科学实施幼儿园教育的基本要求。

（一）保教结合的重要性

保教结合成为保教人员的工作职责，主要是由幼儿的身心发展特点决定的。学前期的幼儿在保护自身生命安全、身体活动、自我照料、独立生活，以及识别危险物品和防御等方面的能力都较差。他们缺乏生活经验，有时难以避免生活中的危险，这些都决定了保教人员在教育中既需要在生活上给予幼儿精心的照料和安全保护，也需要在个体成长上给予其知识的启蒙和能力的培养。

（二）保教结合的践行要求

首先，要真正理解保教结合的含义，深刻理解保教结合的具体工作包括保护幼儿安全，安排好幼儿的一日生活，做好幼儿的疾病预防和膳食营养，培养幼儿良好的生活卫生习惯和良好的道德品质，帮助幼儿积累各方面的经验，发展幼儿各方面的能力等。

其次，保教人员需要精心设计幼儿在园一日生活的各个环节，将保教结合具体落实到日常生活、教学活动及游戏活动等各项活动之中，真正做到教中有保、保中有教，相互渗透、有机结合。

最后，保教人员还应该注意和保育员及幼儿家长协调、配合，才能更好地将保教结合原则贯穿于幼儿园教育的方方面面。

二、遵循幼儿的学习心理特点

（一）幼儿的学习心理特点

幼儿具有求知欲强、好奇好问的心理特点，保教人员应根据这一年龄儿童的特点，创设良好的环境，采用恰当的方法，启发孩子的思维，保护孩子创造的火花。活泼、好动是学前儿童的生理特点，因此，组织并参与孩子的活动是对保教人员的一项基本要求。保教人员应注意活动是否引发孩子的兴趣、愿望，活动过程中是否有孩子的自主性参与，是否伴随着孩子的积极思考与愉快体验。

（二）遵循幼儿学习心理特点的具体要求

1. 注重保护幼儿的好奇心，培养幼儿的想象力，发掘幼儿的兴趣爱好

保教人员应充分认识到幼儿强烈的好奇心是幼儿的年龄特点，因此要注意保护幼儿的好奇心，并创设情境激发幼儿的好奇心，以此引发幼儿学习和探索的兴趣。保教人员还需要充分利用幼儿的兴趣，通过分析幼儿的兴趣判断幼儿的发展水平，在此基础上生成适合于幼儿的教育活动，以促进幼儿在原有水平上的发展。

2. 重视丰富幼儿多方面的直接经验，将探索、交往等实践活动作为幼儿最重要的学习方式

幼儿生来就有主动学习的能力，“做中学”“通过实际操作和自由探索获得直接经验”是他们最主要的学习方式。而我们强调保教人员要“重视自身日常态度言行对幼儿发展的重要影响与作用”，则是对幼儿的另一种学习方式——模仿学习的重视。保教人员必须充分注意到自身的言行对幼儿

的示范作用，时刻提醒自己应该用高尚的品德、得体的言行举止，对幼儿的发展产生积极、正面的影响。

三、重视环境和游戏

（一）环境和游戏对幼儿发展的重要性

幼儿园的环境是指幼儿园所提供的一切物质条件和精神条件的总和。它是由幼儿园的全体工作人员、幼儿、各种物质器材及各种信息要素，通过一定的文化习俗、教育观念所组织和综合而成的一种动态的教育空间范围和场所。环境是一种“隐性课程”，影响着幼儿的发展。保教人员要创设满足幼儿需求的物质环境，让幼儿自主、充分地活动；同时，还要创设有利于幼儿心理健康发展的人际心理环境，促进幼儿自觉、主动地发展。

显性课程和隐性课程

游戏是幼儿的主要活动，幼儿园应以游戏为基本活动。游戏能给幼儿带来欢乐和满足，促进幼儿的认知、人际交往能力及情感发展。但游戏能否最大限度地实现其对幼儿发展的价值，取决于保教人员在其中所起的作用。

（二）重视环境和游戏的践行要求

1. 创设开放、自由、丰富的环境

活动场地和资源直接影响幼儿对活动的参与和体验。保教人员要注意创设良好的幼儿园环境和活动环境，使场地开阔、材料充足、活动类型多样，确保每一个孩子都能自主地、自由地参与到活动中，在各种活动和体验中完成认知、社会、情绪、运动等方面的发展。

保教人员创设环境

2. 在教学活动中体现游戏精神

首先，保教人员应该充分认识到游戏对幼儿发展的价值，将真正的游戏作为幼儿的主要活动，以这种符合幼儿天性的方式促进幼儿的发展。

其次，保教人员应该明确自己在游戏中的位置，即保教人员是幼儿游戏的观察者、支持者、参与者，而不是游戏的设计者、主导者和干预者。

最后，保教人员应该提高自己支持、指导幼儿游戏的能力，如能够为幼儿的游戏提供具有多功能的材料，能够适时地参与幼儿的游戏之中而不

对游戏产生不良的影响，能够恰如其分地在不破坏幼儿游戏本质的前提下将一定的教育目的融入其中等。

案例分享

环境创设对幼儿成长发展的影响

教室里经常会有一些给孩子们带来惊喜的现象，如蝴蝶停在窗帘上或是蜜蜂飞进教室，孩子们兴奋地叫着，招呼同伴、老师快来看。

在走廊和操场上经常会有几颗脑袋凑在一起，跪趴着看蚂蚁搬家；有的小朋友在书包里带有动物书，于是，经常有一群小伙伴靠在一起，看个没完。

小动物给孩子们带来了欣喜，同时孩子们也提出了"为什么小昆虫有的爬来爬去，有的飞来飞去？"等问题，他们对昆虫表现出了极大的兴趣。因此，老师自然地生成主题活动"有趣的昆虫"，让幼儿探索花儿与昆虫的秘密，认识各种昆虫的名称、特征，等等。

根据主题活动网络图，老师在教室外面的走廊墙上进行了"有趣虫子"的主题墙布置。第一阶段"我知道的昆虫"：认识常见的昆虫，了解有关昆虫的知识，尝试饲养昆虫，增进关爱小生命的情感，尝试对昆虫进行分类活动，体验捕捉昆虫的乐趣。在这个部分，引导幼儿收集各种各样自己认识的昆虫，和父母一起到郊外去捕捉昆虫带回家饲养。在美术活动"画昆虫"中，将幼儿绘画的昆虫张贴在"昆虫世界"展示区。第二阶段"昆虫的本领"：学习搜集信息、资料，了解昆虫的本领，增强保护益虫的意识。在这个部分，鼓励幼儿在家长的帮助下，通过多种途径，如查阅百科画册、网上查找等，了解昆虫的本领。

幼儿在家中与父母一起饲养昆虫，然后细心照料它们。一段时间后，父母带孩子将昆虫放回大自然，能培养孩子爱小动物的情感；能与父母一起完成，孩子心里有一种自豪感，同时也增进了亲子之间的感情。幼儿饲养昆虫，记录昆虫的成长过程，在绘画活动中展示自己的作品，并进行自我评价，这整个过程能锻炼幼儿的胆量，同时也使幼儿真正学到知识，知道昆虫的基本特征、外形和本领，了解到自然界的奥秘，进一步激发了孩子们的探索欲望和好奇心。

四、尊重家长，热情服务

保教人员和幼儿家长有着共同的目标和任务，保教人员必须与家长加强联系和沟通。联系和沟通的前提条件就是要尊重家长。因此可以说，尊重家长是保教人员职业道德的又一重要准绳。

（一）尊重家长的道德要求

保教人员要尊重幼儿家长，热情为家长服务，使学校教育和家庭教育形成合力，共同促进幼儿的健康成长。尊重家长、热情服务是做好幼教工作的一个重要方面。

（二）以尊重家长、热情服务的精神进行家园共育

幼儿教育是一项需要家庭和幼儿园共同完成的事业，保教人员必须和幼儿家长建立密切的联系，与他们共同协作。作为专业人员，保教人员更应该积极、主动和理性地从整合教育资源的角度，培养自己的合作精神，争取家长的支持与配合。

第四节　树立正确的自我专业发展观

案例导入

徐老师的班上新来了一个孩子，不爱说话，不爱笑。徐老师问他叫什么名字，他只会摇头。通过和家长交谈，徐老师知道这个名叫晓天的幼儿从小失去母亲，爸爸忙于生计也无暇顾及他，所以晓天性格孤僻，语言表达能力差，动作发育迟缓。了解到晓天的身世后，徐老师更加关心晓天，在教室里为他专门准备了开发智力的玩具，还亲手为他编织毛衣。徐老师经常亲切地跟晓天说话，教他练习发音，以提高其语言表达能力；利用图片和图书为他讲故事，以提高其理解能力；跟他一起堆积木、折纸，以提高其动手能力。徐老师还指导晓天的爸爸如何在家里对孩子进行早期智力训练。时间一天天过去，渐渐地，晓天的眼睛里有光了，能与人进行简单的交谈了，脸上也常挂着微笑。

问题：徐老师的教育行为体现了什么样的个性修养？

知识准备

一、培养良好的个性修养

良好的个性修养不但是保教人员顺利开展保教活动的必要条件，而且也会对幼儿的性格特征产生潜移默化的影响。

（一）富有爱心、责任心、耐心和细心

1. 爱心是保教人员对幼儿实施教育的基础和前提

热爱幼儿是保教人员职业道德的灵魂，是保教人员教育观念的集中体现。没有爱，就没有教育。爱是儿童身心成长的精神需要。有了保教人员的爱，幼儿才能感受到愉快、安全和自由。

2. 责任心是保教人员职业特质的体现

保教人员的教育对象是一群天真、无邪、稚嫩、身心发育尚未成熟、知识经验贫乏而又充满好奇、求知欲较强的学前儿童，因而保教人员的责任心尤为重要。保教人员对工作应有高度负责的态度，对平凡的幼教事业应有无怨无悔的奉献精神。

3. 耐心和细心是中心环节，关系到教育过程和教育效果

耐心是指心里不急躁、不厌烦，侧重于人的态度。耐心是保教人员应具备的一个重要素质，是保教人员的本职工作。耐心是一种良好的对待幼儿的态度，保教人员有了良好的心态，才能静下心来教育幼儿。

细心就是用心细密，认真周全地考虑各种问题，精益求精地把事情做好。幼儿期的孩子还很幼稚和单纯，对他们要特别细心，切忌粗心大意。在日常教育和保育工作中，保教人员要努力做到三个“细”：一是细心观察，从幼儿的表情、动作、行为中，了解他们的思想感情和身体状况；二是细心分析，从幼儿的一些反常现象中分析出原因，找出对策；三是细心教育和护理，特别是对一些特殊情况的孩子，应给予特殊的照顾。

（二）衣着得体、语言健康、举止文明

保教人员在外表上要衣着端庄、整洁、大方又不失活泼可爱，既能受到幼儿喜爱，又符合保教人员的职业特点和社会身份。除了外表之外，保教人员在园内外的言行举止也应该充分体现“为人师表”的表率作用，切忌语言粗俗、行为不检。

二、保持健康的心理状态

保教人员的心理状态不仅影响着保教人员自身的身体健康、生活幸福和职业生涯的发展状况，也会直接影响到幼儿的心理状态，因此需要引起高度重视。

（一）保教人员健康心理的意义

幼儿的心理发展极容易受到外界的影响，特别是受到与其朝夕相处的保教人员的影响，且这种影响大多是伴其一生的。保教人员从事的工作平凡而琐碎，在年复一年周而复始的工作中，如果保教人员不能以积极乐观的心态去面对工作，必然会因为烦琐和劳累而带来心理上的抑郁，而且如果保教人员表现出这种消极的心理状态，就会给幼儿的心理带来不良影响。因此，保教人员的职业特点要求他们具有良好的心理素质和心理健康状态。保教人员必须随时调动自己的激情，以开朗、包容、乐观的心态面对生活和工作中的困难，以平和、积极的心态面对幼儿，用自己阳光、热情的心

理去影响和感染幼儿。

（二）对保教人员健康心理状态的具体要求

善于调节自己的情绪并使自己的情绪处于稳定的状态，是保教人员需要具备的专业个人修养。稳定的情绪不但可以帮助保教人员保持教育的自信，使教育工作永远处于一种朝气蓬勃的氛围之中，对幼儿安全感的形成也有重要意义，有利于幼儿形成健康的人格。保教人员要具有良好的心理调控能力，学会通过身体锻炼、做自己喜欢做的事情等各种方式舒缓自己的压力和紧张，调节自己的情绪。

调节情绪的方法

三、树立终身学习的理念

（一）终身学习的重要性

1.终身学习理念是保教人员职业的现实要求

终身学习理念要求保教人员从以教授知识为主，转变为以引导、辅导幼儿的学习为主，成为幼儿学习的帮助者、引导者。保教人员不再是知识的权威，而是“学习的促进者”，或者说是幼儿学习的伙伴或朋友。为此，要尊重学习者的情感和意愿，关心学习者的方方面面，接纳作为一个个体的学习者的价值观念和情感表现，让幼儿掌握学习的主动性，建立学习的责任感，体验自己的学习过程。保教人员只有真正成为学习者的伙伴，才能最大限度地激发学习者的潜能，培养学习者自主学习的能力。因而，终身学习理念是保教人员从事幼教职业的现实要求。

贯彻精神

党的二十大报告指出，要“推进教育数字化，建设全民终身学习的学习型社会、学习型大国”①。

当下，随着科学技术的迅速发展，人们的学习方式和途径不断增多，作为未来的保教人员，我们要充分利用现在的优良学习条件刻苦学习，通过学习不断提升自己。

① 习近平．高举中国特色社会主义伟大旗帜 为全面建设社会主义现代化国家而团结奋斗——在中国共产党第二十次全国代表大会上的报告[R]. 北京：人民出版社，2022：34.

2. 终身学习是当代保教人员成长和发展的必由之路

作为幼儿人生的启蒙者，保教人员所从事的职业是一种使全人类都变得更加美好的职业。保教人员是幼儿精神生命的创造者。要做好一名保教人员，就必须热爱自己的幼教事业，就必须坚持在“教师教育”中成长、成熟。

教师是人类永恒的职业，但社会对保教人员条件的选择并不永恒，时代对保教人员的要求越来越高。保教人员良好的素质并非与生俱来，而是通过学校教育、继续教育才能获得的。新的教育观念认为，终身学习是当代保教人员成长和发展的必由之路。

3. 终身学习是保教人员专业持续发展的根本途径

学习被视为保教人员专业发展中最具活力的因素，保教人员必须具备学习的意识和能力，才能在千变万化的社会中应对教育对其提出的各种挑战。保教人员还应该认识到，乐于学习不仅仅是自己个人的学习，更是置身于“学习共同体”当中的学习，这其实与团队合作的专业素养要求一致。在合作学习中，保教人员作为学习的主体，与其他教师、园长、教研员、专家等相关人员通过开展观摩、交流对话、研讨互助等活动，获得经验并得到发展。

练一练

李老师认真学习《幼儿园教师专业标准（试行）》，并制订了自己的专业发展规划。李老师的做法体现了（　　）。

A. 终身学习的理念　　B. 先进的管理策略

C. 良好的沟通能力　　D. 高超的教育技能

解析：正确答案为A。

（二）终身学习的践行要求

1. 树立终身学习理念，形成态度和习惯

保教人员树立终身学习的理念，主要表现在以下两方面：一是自己要有主动学习的愿望和行动，并坚持让学习伴随自己一生；二是要在教育幼儿的过程中渗透终身学习的理念，促使幼儿将来能够具备终身学习的愿望和能力。

2. 参加各种培训提升专业能力

保教人员的学习并不局限于读书，其方式应该是多种多样的。保教人员要了解多种形式的职后培训，积极参与，主动、认真地去学习，努力提升专业能力。

提升专业能力的方式

3. 向不同的对象学习，在反思中成长

保教人员在日常工作中，经常会遇到不同的实际问题，也会接触到不同的人，这些问题、人和事都是能引发学习的契机。保教人员可以向书本学、向同事学、向幼儿学、向家长学、向专家学、向园长学，学习通过沟通交流达成教育共识，共同为幼儿的发展寻求更大的可能性。因此，保教人员要善于向不同的对象学习，在工作中提高专业能力和综合素质。此外，保教人员在学和教的过程中要重视自我反思能力的培养，养成及时反思、及时总结、及时提升的学习习惯，在发现问题、思考问题、解决问题的过程中实现自我教育和发展。

练一练

焦老师积极参与各种教师培训活动，返园后主动与同事们交流学习的心得体会，并将其运用于保教实践。关于焦老师的做法，下列说法不正确的是（　　）。

A. 体现了终身学习的自觉性　　B. 有利于师幼的共同发展

C. 推动了幼儿园的园本教研　　D. 有利于增进家园合作

解析：正确答案为D。题干中的事件不涉及家园合作。

知识检测

一、单选题

1. 在“六一”会演的节目排练中，小班幼儿洋洋和健健总是不跟着刘老师做动作，站在原地发呆。为了不影响班级荣誉，刘老师不让他俩参加表演，其做法（　　）。

A. 恰当，教师应该尊重幼儿的选择

B. 恰当，教师应该维护班级荣誉

管延伟：“百花园”中的最强“他”力量

C.不恰当，教师应引导全体幼儿参与集体活动

D.不恰当，教师应要求幼儿必须参加集体活动

2.教师节那天，李老师一进教室，就看见桌上放着孩子们送给自己的礼品，有包装精美的鲜花、音乐卡等。李老师从桌子上特意拿起了一张贺卡，笑着对大家说："这张贺卡真漂亮，是小朋友自己做的吧，老师最喜欢这样的礼物！"该做法表明李老师（　　）。

A.自觉抵制不良风气　　B.不尊重大部分幼儿

C.偏爱袒护个别幼儿　　D.能维护幼儿的权益

3.某教师一边要求幼儿安静地玩玩具，一边和同事聊天说笑。该教师的行为（　　）。

A.正确，应该培养幼儿习惯　　B.错误，应该小声聊天

C.正确，体现了融洽的同事关系　　D.错误，应该以身作则

4.放学时，家长们都走进幼儿园接孩子。金老师一见到小齐爸爸，就埋怨道："小齐到现在还不会自己吃饭、穿衣，你们做家长的都是怎么教的？"小齐爸爸觉得很难堪，恼怒地说："就是不会才送到幼儿园学习的嘛！"对该事情，下列说法正确的是（　　）。

A.金老师应该注意与家长沟通的方式

B.生活能力培养主要由家长负责

C.金老师拥有批评幼儿家长的权利

D.生活能力培养主要由教师负责

5.刘老师一直固守自己的一套教学模式，对新的教学方法、教学手段不屑一顾。即使课堂气氛沉闷无趣，她也依旧我行我素。这说明刘老师（　　）。

A.没有做到为人师表　　B.缺乏终身学习的理念

C.没有做到爱岗敬业　　D.能够坚持自己

二、材料分析题

一天早上，一航蹦蹦跳跳地走进教室，在搬椅子时，他发现旁边小朋友的椅子上有一本书没有收好，便大声喊道："余老师，这儿有一本书没有收。"余老师笑着说："那就请你把它送回去，好吗？"他

高兴地把书拿往图书角。由于一航平时吃饭、睡觉、上课、活动无一不让老师费心，因此余老师一直盯着他的送书过程，生怕他把书拿到别处去。当他把书拿到书柜前，正想顺手往里面一扔时，余老师连忙说："谢谢你哦，你帮了我一个大忙，不然等会儿我还得自己把书整理好。"一航听了连忙把书放整齐，离开书柜后，还不时地回头看看书本会不会掉下来。

余老师被一航的这个行为所触动，立刻走过去，轻轻拍了拍他，说："一航，原来你那么会整理书啊，那你愿意做'图书管理员'吗？把小朋友们没有收好的书，都送到这里来收放整齐。"一航高兴地说："当然可以！我放书最整齐了！"之后的一个星期，在余老师的引导下，一航很用心地寻找没有收回图书角的书，把书摆放整齐，在其他方面也进步了很多。

问题：从教师职业道德的角度，评析余老师的教育行为是否正确。

实践活动

师德师风演讲比赛

[活动目的]

大力弘扬"爱岗敬业、无私奉献"的职业情操和"教书育人、为人师表"的精神风貌，积极营造师德师风建设良好氛围。

[活动主题]

"讲师德、铸师魂、树形象"

[活动过程]

演讲题目自拟，演讲内容围绕师德师风建设，可以以自己或身边的先进教师、先进集体典型事迹为题材，讴歌教师爱岗敬业、无私奉献的师德风范；可以阐释对师德建设重要性，新时期师德的内涵、评价标准等问题的理解、感悟和体会。主题鲜明、突出、深刻；立意高远、观点正确、逻辑严谨；内容充实具体，有启发性，有较强的感染力和感召力。

要求脱稿演讲，使用普通话。每位选手的演讲时间为 5 ～ 8 分钟。演讲稿必须自己撰写。稿件必须打印且上交电子文档。

[活动总结]

当大家经过反思，对生活有了新的看法时，好好地写一份心得体会，可以帮助大家了解自己这段时间的学习、工作和生活状态。活动完成后，每人完成一篇演讲比赛观后感，记录下自己的心得体会。

第七章

保教活动中的职业道德实践

学习起航

保教人员在保教活动中的职业道德表现对幼儿的发展有着至关重要的影响，因此保教人员在组织教育活动的同时，要不断提升自我职业道德素养，做好幼儿学习活动的支持者、合作者和引导者。本章我们就来学习如何践行保教人员职业道德。

学习目标

素质目标：

1. 提高对保教活动中的职业道德实践的认识。
2. 了解教育评价中应注意的问题。

知识目标：

1. 了解生活活动中的职业道德。
2. 了解环境管理中的职业道德。
3. 了解家长工作中的职业道德。
4. 了解教育评价中的职业道德。

能力目标：

1. 能够在幼儿园各项教育活动中自觉践行职业道德。
2. 能够在幼儿园特定的教育活动中找出自己的不足，有意识地提升自己。

第一节　生活活动中的职业道德实践

案例导入

托班幼儿在吃饭时普遍存在以下情况：不肯张嘴或不肯咀嚼吞咽。为解决这个问题，张老师想了很多办法。一天中午吃饭时，张老师端了一盘饭菜，边示范边夸张地说："我是大老虎，嘴巴张得大，牙齿咬得快，一会儿饭菜吃光光！"鼓励幼儿和老师一样做大老虎。在进餐巡视时，张老师一会儿对吃得快的宝宝说："嗯，原来这里有一只大老虎，我喜欢你！"一会儿又走到另外一个宝宝身边说："这只老虎吃得真香呀！"有时还在"大老虎"身上贴个贴纸……慢慢地，幼儿爱吃饭了，也会吃饭了，把饭含在嘴里的现象明显减少了。

张老师还发现，每次吃饭璐璐还习惯用衣袖擦嘴巴，所以吃完饭后，她的衣袖总是沾有很多菜汁。一天吃鸡腿，张老师特意在璐璐的桌子上放了一条干净的小毛巾，让璐璐记得将沾满油污的小手在毛巾上擦一擦，所以那天璐璐的衣袖很干净。从那以后，每到吃饭时张老师总会给璐璐准备一条毛巾，璐璐养成了随时用毛巾擦拭嘴和手的习惯，衣袖总是干干净净的。

问题：张老师是如何在生活活动中践行保教人员职业道德的？

知识准备

一、幼儿园生活活动常规中的职业道德

幼儿园的生活活动包括入园、离园、饮食、睡眠、盥洗、如厕、散步等基本生活内容，这些活动在时间安排上要有秩序，在规则制定上要合理，在环节设计上要科学，以保证幼儿的生活是安全、规律和有意义的。在幼儿一日生活常规中做到科学、合理、安全、有序，保教人员需关注自身的职业道德素质对幼儿产生的影响。

（一）注重幼儿一日生活的价值

保教人员要注重幼儿生活在幼儿成长中的发展价值，要关注幼儿园一

日生活的各个环节的教育功用，并合理地设置和安排一日生活活动。要考虑到生活活动中是否有可以挖掘出教育价值并为孩子们所用的教育契机。因此，保教人员要用心思考、精心安排幼儿园一日活动，使活动的各个环节充分发挥其“生活即教育”的价值。

某幼儿园一日活动常规要求

（二）尊重幼儿的权利和地位

保教人员应给予幼儿参与幼儿园生活活动的权利，理解、尊重并保障幼儿参与这些活动并发表自己的意见。尽量减少不必要的集体行动，减少和消除消极等待现象。保教人员可以对惯常活动（如发点心等类型的活动）安排做改进处理，从由保教人员“服务到底”到孩子“自主取物”，既锻炼了孩子的自我服务能力和规则意识，同时也体现了幼儿的自主权利和幼儿在生活活动中的主体地位。

二、幼儿园自由活动中的职业道德

对于幼儿园生活活动中的自由活动，比如餐前的谈话活动，以及一些非常规性的生活活动，如生日庆祝会等，保教人员应如何安排和组织？这些自由活动中的教育价值应如何体现？保教人员的职业道德又是如何通过其教育观念和教育行为对幼儿产生影响的？

（一）关爱幼儿

作为幼儿的“养护者”或者说“照料者”，保教人员的角色至关重要，保教人员不仅要保护幼儿生命安全、照料幼儿生活，更要对幼儿情绪情感状态、人格个性品质、社会行为等多方面的心理发展进行关注。因此，保教人员对幼儿的关爱是带有教育意义的关爱，是对幼儿身心全面发展的综合考虑和长远打算。

（二）关注幼儿的心理特点

保教人员在幼儿园生活活动中要足够细心，不仅要关注幼儿的心理发展，关注幼儿生活的点点滴滴，还要有足够的智慧，通过认真观察幼儿、深入研究幼儿，为幼儿提供良好的教育环境并施加积极的教育影响，从而引导幼儿身心健康发展。

三、幼儿园午睡活动中的职业道德

午睡是幼儿一日生活中的重要环节，学前儿童卫生学和学前儿童心理学的理论告诉我们：学前儿童大脑神经细胞很容易兴奋，也很容易疲劳。因此，要保障幼儿足够的休息时间。午休环节是幼儿园生活活动中的一项重要活动，其活动质量的高低也在很大程度上影响孩子参与其他活动的质量。

（一）保障幼儿生存和安全的基本权利

幼儿作为独立的“人”，拥有自己的基本权利。联合国《儿童权利公约》里明确提到儿童的生存权和受保护权。保教人员要保障幼儿在生活活动中的基本生活权利，比如休息、饮食、如厕等生存权以及受保护的权利，并最大限度地保障幼儿的这些权利。午休是孩子在幼儿园的一项重要的生活活动。为此，保教人员应营造良好的休息环境，比如安静、舒适、安全的休息环境，对于环境中的意外刺激如雷声或者突发事件，保教人员要以保障幼儿安全为第一原则机智地处理，从而为幼儿营造相对安全和安静的休息环境。

（二）尊重幼儿身心发展中的个别差异

在幼儿园生活活动中，保教人员要尊重幼儿个体差异，主动了解和满足有益于幼儿身心发展的不同需求，在指导生活活动时要有区别地对待不同的孩子，如对于胆小的孩子，采取保障安全的方式，抱在怀里，用手轻轻抚摸，使孩子在感受到安全的基础上减少不良情绪的影响；对于其他的孩子，则采取调整认知的方式，如通过讲故事的方式向孩子解释发生的事情，并采取积极的情绪影响以打消孩子的恐慌和担忧，等等。

四、幼儿入园适应工作中的职业道德

我们常常见到入园时哭泣不止的孩子。保教人员最担心的是孩子会不会不喜欢这个幼儿园或者不适应这个幼儿园的生活，或者这种不适应会不会影响他们今后很长一段时间的生活。为此，保教人员总会想很多办法来解决这个问题。

新生止哭秘籍

（一）尊重幼儿成长发展中的自然规律

小班幼儿因为亲子分离和陌生环境的出现，相应地产生一定程度的分离焦虑或陌生人焦虑，具体表现为抗拒幼儿园活动、哭泣、逃离等。这是小班幼儿初入园时的常见现象，也是幼儿成长发展过程中的一种自然规律。保教人员要正确看待和对待这一现象，一方面要认真观察幼儿表现，分析幼儿心理特点和影响因素，并细心地制定指导方案，和幼儿家长共同配合开展循序渐进的适应性活动；另一方面要认真钻研、学习幼儿发展心理学和教育学知识，如幼儿的亲子关系和同伴关系，幼儿的环境适应问题等，在尊重儿童心理发展规律和教育规律的基础上开展各项适应性活动。

（二）在和家长的有效合作中开展生活活动

保教人员在幼儿园一日生活活动中，必须充分重视幼儿的家庭环境和家庭资源，以“幼儿发展”为目的，通过多种方式与幼儿家长建立良好而密切的联系，和他们共同协作完成幼儿的保教工作。同时，保教人员也有责任和义务对幼儿家长情况进行深入了解，充分挖掘家长资源以作为教育资源及教育环境开展幼儿园生活活动，并通过指导和改善家长的教育行为以提高保教工作质量。

案例分享

入园焦虑的孩子

开学快一周了，每天幼儿园门口都会出现一个孩子和妈妈撕心裂肺的分离场景，老师说这个孩子从入园第一天起，每次和妈妈分开都像生离死别一样。为了解决这个孩子的入园不适应问题，老师还特地去家访，通过家访了解到孩子妈妈的性格对该名幼儿的影响比较大。每天，这位妈妈送孩子上幼儿园时都要交代很多注意事项，比如“吃饭时一定要细嚼慢咽”“去卫生间千万不能跑”“体育活动时动作要慢，看好四周，不要被人撞倒”“睡觉时被子不要蒙头”等。老师通过观察还发现，妈妈每次和孩子分开时表情都异常紧张，充满担忧。由此，老师分析妈妈的焦虑是导致孩子焦虑的主要原因，要解决孩子的焦虑问题一定要先帮助妈妈解决焦虑问题。老师在和孩子妈妈交流的过程中向其传递了三个信息：一是要对孩子放心，相信孩子有自我服务能力。二是要对幼儿园放心，相信幼儿园会把孩子的安全放在第一位。三是要改善教养行为，给孩子良好的心理环境，比如，每天接送孩子时要尝试着以微笑的样子，放松地和孩子分开，让孩子感受到安全的情绪，并指导孩子积极地适应幼儿园生活，让她感受到幼儿园生活的自如和安全。

这位妈妈很配合地作了调整，经过一段时间的入园接送行为改善，孩子的入园问题基本得到了解决，即便偶尔会哭泣，但时间不会很长，情绪也不会很激烈。

五、幼儿园进餐活动中的职业道德

《3～6岁儿童学习与发展指南》明确指出，要帮助幼儿养成良好的饮食习惯。同时，要帮助幼儿了解食物的营养价值，引导他们不偏食、不挑食、少吃或不吃不利于健康的食品等。对于幼儿在饮食中出现的不良习惯，保教人员要采取相应的策略帮助幼儿纠正并逐步养成良好的饮食习惯。保教人员在幼儿园进餐活动中，还要关注幼儿的个别需要，认真分析幼儿的个体需求，开展适宜的生活习惯养成教育。

（一）关注幼儿生活习惯的养成

合理营养是健康的物质基础，平衡膳食是合理营养的途径。幼儿的身体发育迅速，需要吸取多种营养物质，因此引导幼儿养成良好而又健康的饮食习惯，是幼儿园健康教育的重要目标，同时也是幼儿园生活活动的重要组成部分。保教人员应在生活活动中关注幼儿的生活习惯，并关注幼儿生活习惯的养成。

（二）关注幼儿的生活情境和个体需求

“平等对待每一个幼儿”是尊重幼儿的具体体现之一。保教人员在幼儿园生活活动中，要做到“尊重幼儿的个体差异并满足不同幼儿的需求”，要多方面了解幼儿的生活和生长环境，并深入了解幼儿的成长需求和发展态势，针对幼儿的特殊需要循序渐进地开展生活习惯养成教育。

六、幼儿园散步活动中的职业道德

保教人员要深入认识散步活动的教育价值，充分关注幼儿在散步活动中的表现，并将此作为重要的教育契机和教育资源，开展有意义的教育活动。

（一）关注幼儿的关注

保教人员要关注幼儿的关注、重视幼儿的好奇，用一双敏锐的眼睛观察幼儿在观察什么，用一颗敏感的心感受幼儿在感受什么。在散步活动中，幼儿喜欢边走边观察身边的事物，常常会发现一些新奇的事物和现象，比如一只小虫、一片树叶、一粒沙子等，保教人员应敏感于幼儿在关注什么，为什么关注，怎样关注，等等。

（二）坚持自己的坚持

保教人员要坚持“保教结合”的重要教育原则并在幼儿园生活活动中将这一原则很好地贯彻和实施。对于幼儿园生活活动，保教人员不仅要充分关注其生活价值，同样还要关注其教育价值，并将幼儿园生活活动的重要资源作为教育活动资源，有针对性地开展有目的、有计划的教育活动，使生活活动和教育活动相互结合、相互渗透，共同促进幼儿身心健康的发展。

贯彻精神

党的二十大报告指出，要“坚持依法治国和以德治国相结合，把社会主义核心价值观融入法治建设、融入社会发展、融入日常生活”[①]。

作为即将走上保教岗位的学生，我们不仅要遵守法律法规，还要提高自己的道德修养，并将其践行在保教活动中，外部社会约束和内部自我约束相结合，不断提高自身素质。

① 习近平．高举中国特色社会主义伟大旗帜 为全面建设社会主义现代化国家而团结奋斗——在中国共产党第二十次全国代表大会上的报告[R]. 北京：人民出版社，2022：44.

第二节　环境管理中的职业道德实践

案例导入

在幼儿园里，常常可以看到墙上贴着“比一比”之类的评比图，上面有每个孩子的照片或者标记，老师会在表现好的小朋友的照片或者标记下贴一个五角星，表示对其某一表现的认可，还会在某些特定时间大家一起数数，看谁得的五角星多，谁还需要继续努力。有了这样一个评比图，伴随而来的还有老师这样的话语：

“曼曼，还不快点吃，今天还想不想得五角星啦？”

“乐乐，看书的时候又在乱说话，再这样，我就要把你的五角星拿掉一个了！”

“源源，你自己说说你这几天的表现好不好？又推人，又不和别人分享玩具，还在教室里冲过来冲过去。其他小朋友说说，源源这样子还能不能得五角星啦？”

这就是某些老师喜欢用的管理办法。他们还把评比表贴在教室里，以督促孩子们好好表现。

问题：上面老师的做法符不符合保教人员职业道德呢？

知识准备

一、幼儿园班级环境

幼儿园班级环境是在幼儿园情境中，以班级为单位，通过班级物理环境布置和班级情境中的教育教学活动及生活事件所产生的影响幼儿发展的客观因素和主观因素的总和。

幼儿园班级环境的管理主要是指保教人员在一定的教育目标的指引下，有目的、有计划地创设合乎幼儿生理和心理发展规律的班级物理环境和氛围。幼儿园班级环境管理的主体是保教人员和幼儿，其中保教人员起主导作用，幼儿在保教人员直接或间接的引导下主动或被动地融入班级环境中，维护或改变着班级环境，并逐渐形成自己的人格特性基础。

二、班级环境管理中的职业道德

（一）物质环境管理中的职业道德

1. 创设安全舒适、有准备的环境

幼儿园班级的基础设备设施是幼儿生活、班级活动得以正常开展的物质保障，它是保教人员根据教育目标有计划、有目的地创设出的有准备的环境，它必须是安全的、环保的，有利于幼儿安全活动的。教室环境布置除了要考虑空间因素外，还要注意陈列或使用的物品的安全性，危险物品或具有潜在危害的物品应放在幼儿无法触及的地方，或者用其他遮盖物遮住，以免幼儿因好奇或不小心而发生意外。

幼儿园环境创设的意义

案例分享

卫生间的安全隐患

钟老师发现一个小朋友上完厕所出来时脚滑了一下，于是立刻去卫生间查看，她用脚蹭了蹭地面，发现沾了水的地面果然很滑。原来，防滑地砖经过几年使用，已经被磨光了。钟老师还注意到男生小便池的边缘有棱角，如果小朋友不小心滑倒，后脑勺磕在上面会很危险，于是钟老师就向园长汇报了情况。园长对钟老师提出的问题很重视，先买了防滑地垫用上，又联系了工人来检查所有卫生间，打磨地砖，并修整小便池。

2. 明确班级环境的创设目的

幼儿园应为幼儿提供健康、丰富的生活和活动环境，满足他们多方面发展的需要，使他们在快乐的童年生活中获得有益于身心发展的经验。因此，幼儿园班级创设环境的出发点是为幼儿提供良好的生活、学习环境，满足不同年龄阶段幼儿的需求，为幼儿身心健康发展创造良好条件。

保教人员创设班级环境不是为了创设而创设，不是为了应付上级检查评估，不是为了别人的参观，更不仅仅是为了提升幼儿园的外在形象，千万不可本末倒置，追求外在的美观而忽略了环境真正的主人和受益对象——幼儿。保教人员在日常教育教学中，要调整自己的观念，观察本班

幼儿的特点，学习该阶段幼儿的年龄特点，进而去创设适合本班幼儿的环境。

3. 坚持环境的教育性与艺术性的统一

班级的环境要注意动静结合，内涵与美观兼备。有些保教人员只注意环境的装饰功能，导致环境布置与幼儿生活、学习相脱离，沦为摆设，丧失了这一“隐形课程”的潜移默化的教育功能。有些保教人员没有注意环境布置的美感，教室里摆满、贴满各种东西，还挂满五颜六色的吊饰，让人觉得拥挤不堪，很容易使幼儿产生不安的感觉。有些保教人员的环境创设注重了教育性，却忽略了幼儿的喜好，缺乏童真与童趣，给幼儿一种硬邦邦、冷冰冰的感觉。

因此，班级环境首先要服从教育需要，在此基础上，要讲究内容与表现手法的合理性、艺术性，但又不能单纯地追求环境形式上的完美，更不能因此而限制幼儿的活动。

4. 注重环境中幼儿的参与度

幼儿的学习不仅包括直接感知，更主要的还是亲自参与的过程，后者不仅可以提高幼儿的主人翁意识，还可以使幼儿通过亲自参与来激发想象力、锻炼动手能力。同时，参与环境管理也是发展幼儿表征能力的一个途径。幼儿在班级环境创设中的活动参与程度会潜移默化地影响环境创设的成效，因为好的保教人员会根据幼儿对班级物质环境所表现出的兴趣、参与度等及时作出相应的调整。

5. 提高自身环境管理的专业能力

幼儿园保教人员可以参加各级各类的相关进修培训，通过听讲座、观摩、讨论，学习先进的学前教育理论、他人的成功经验，开阔眼界、提高自身的业务水平，从而在本班环境管理中有明确而清晰的认识和规划，并逐渐做好本班的环境管理。同时，保教人员还要在实践中积极地摸索与尝试，这样可以提高自身的动手能力、发展审美水平，以及预测到幼儿对环境的反馈并适时地加以调整。

（二）精神环境管理中的职业道德

精神环境相比于物质环境，更能使幼儿获得到安全感、尊重感和接纳感，保教人员为幼儿创设充满关爱、温暖、尊重和支持的精神环境，有利于幼儿情感、态度、行为和个性的充分发展。建立良好的精神环境主要体现在以下几个方面：①建立良好的师幼关系；②帮助幼儿建立良好的幼幼关系；③发挥保教人员的主导作用；④形成有效适宜的师幼互动；⑤形成良好的班风。

1. 树立正确的儿童观、教育观

树立正确的儿童观需要保教人员摒弃“保教人员本位”的观念，放弃保教人员的绝对权威地位和掌控地位的思维定式，为幼儿营造安全的、自由的、包容的、互动的精神环境，创造温馨、和谐的情感氛围。这需要幼儿园保教人员在工作中尊重、爱护每一位幼儿——一种公平公正、饱含热情的有原则的、理性的爱。保教人员不能厚此薄彼，不能掺杂个人喜恶，要以一种宽宏的胸怀，真诚地去热爱全体幼儿。

树立正确的教育观需要保教人员针对不同年龄、不同个性、不同能力的幼儿采取不同的教育方式，用发展眼光看待幼儿，这样可以维护幼儿的自尊心与进取心，提高幼儿的自我效能感，让每位幼儿都获得自己在这个群体中所特有的、不可或缺的存在感与归属感，有助于在班级中形成良好的师幼关系、幼幼关系，营造出和谐的精神环境。

练一练

自由活动时，幼儿三五成群地在沙坑里玩耍，只有杰杰孤零零地站在旁边，一动不动。对此，老师恰当的做法是（　　）。

A. 询问杰杰不与大家玩的原因

B. 只关注其他孩子，不理会杰杰

C. 告诉杰杰可以自己一个人玩

D. 强制性要求杰杰过去与大家一起玩

解析：正确答案为A。本题考查保教人员的教育行为。在幼儿活动过程中，保教人员要秉持面向全体幼儿的教育理念。要使每个幼儿都能够积极参与到活动中，并得到各种能力的发展，离不开老师的密切关注。当发现幼儿不愿意参加到活动中时，保教人员既不能放任不管也不能强制幼儿参与，因为二者都忽略了幼儿的意愿，忽略了幼儿在活动中的主体地位，因此询问幼儿不与其他人一起玩的原因最为合适。

2. 保持健康的、积极向上的心态

保教人员在工作中要妥善处理自己的负面情绪，不在幼儿面前随意表露，将自己调整到最佳的情绪状态。保教人员每天在面对幼儿时，都要全身心地投入，抛弃杂念，用积极的态度、愉快的心情、满腔的热情去感染幼儿，与幼儿和睦相处。幼儿也会变得活泼开朗、乐观积极。这样才能形成一个良好的班级精神环境。

3. 帮助幼儿建立良好的伙伴关系

幼儿与幼儿之间的关心、爱护、评价有时比老师的关心教育更能产生效果。幼儿往往很注意自己在同伴心中的形象，保教人员要认识到幼儿的这一特点，为幼儿创造一个积极交往的环境，有效地影响幼儿的交往态度和交往行为，帮助幼儿建立良好的同伴关系。保教人员在平时要注意引导幼儿向同伴表达自己的思想和感情，帮助幼儿了解他人的各种需要，学会观察他人的喜怒哀乐，建立同伴间相互关心、友爱的精神环境。

4. 与同事建立和谐的关系

保教人员之间相互关心、相互抚慰、分工合作，幼儿也将耳濡目染，从中学会体察他人的情绪情感，并学会用正确、适宜的方式与别人交往，从而长期而稳定地养成这种亲社会行为。同时，保教人员间的和谐关系能使班级、幼儿园具有良好的精神氛围，容易激发出幼儿积极的社会性行为。所以，在创建班级精神环境时，要注意班级中保教人员之间、保教人员与保育员之间，乃至与全园教职工之间的关系。

第三节 家长工作中的职业道德实践

案例导入

中班的睿睿很任性，处处以自我为中心。音乐课上，李老师教小朋友们唱《两只老虎》。大家都跟着老师唱，只有睿睿故意把“两只老虎”的歌词改成“两只花猫”，其他小朋友听了，也随着睿睿唱“两只花猫”。李老师警告睿睿：“如果再改歌词，你就到小班去！”但睿睿没有听老师的话，继续改歌词，甚至把调子拖得很长。李老师火了，站起来走到睿睿跟前，大声吼道：“你给我出去！”睿睿哭着走出教室。李老师没有理会，继续教小朋友们唱歌。就这样，睿睿站在教室门口哭个不停，直到下课。

回家后，睿睿把这件事告诉了家人。第二天，奶奶来送睿睿时，找李老师理论。李老师说：“就是你们这些家长太溺爱孩子，孩子才那么任性！我们对他进行教育，难道不对吗？”

问题：李老师的做法是否符合保教人员职业道德？

知识准备

一、班级家长工作

班级家长工作是指保教人员面对家长开展的一系列活动安排。班级家长工作不是保教人员向家长单向输出影响的过程，而是保教人员与家长之间的双向互动过程，保教人员与家长共同为幼儿的利益创造良好的条件。班级是幼儿园这一教育组织机构的基本单元，保教人员发起家长工作，以此获得家长对班级工作的支持、配合与参与，这中间包括家长发挥自身优势为班级提供服务，也包括家长对班级、幼儿园工作的监督与评价等。

二、班级家长工作中的职业道德

（一）更新观念，调整角色定位

保教人员在家长工作中，既不要高傲自大，也不要妄自菲薄，要将家长由幼儿教育中被动的辅助角色转变成主动的、与幼儿园平等的合作者。

保教人员对家长要以诚相待，热情服务家长，调动家长的积极性，在家长工作中不断尝试新的沟通方式，根据不同的家长调整沟通策略，进行换位思考，了解不同家长的需求，用心拉近彼此的距离，使家长工作更加顺利，使家园合作更紧密、更有效、更和谐。

练一练

> 保教人员尊重家长的正确做法是（　　）。
>
> A. 幼儿犯了错误，指责家长管教不当
>
> B. 把家长叫到学校共同批评幼儿
>
> C. 主动联系家长，并告知幼儿在幼儿园的表现
>
> D. 对不懂得如何科学教育幼儿的家长进行严厉批评
>
> 解析：正确答案为C。只有C选项才是尊重家长的方式，对于学生的教育需要家长和保教人员及时沟通。

（二）合理开发家长资源

家长资源对保教人员来说是一项重要而特殊的资源。家长的来源多样化、背景多样化，能提供的资源也是多样化的，所以保教人员要善于开发利用家长资源。

如何把家长资源转化为课程资源

但是在家长资源的开发利用中，存在一些问题，其中最为凸显的便是家长资源的闲置及家长资源的过度开发。保教人员如果仅仅把家长作为幼儿的监护人、自己教育活动的被动接受者，往往会处于一种高姿态，对家长资源不屑一顾；如果不知道该如何开发与利用家长资源，则会造成家长资源的闲置。殊不知，家长对能参与到幼儿园的教育活动中往往是充满极大兴趣与好奇的，他们也十分乐意提供自己能提供的资源。另一种问题则是保教人员过于依赖家长，过于频繁地调动家长的参与，导致家长资源开发过度。一些保教人员只从减轻自身负担出发，一味地要求家长配合，滥用家长资源，尤其是物质资源，缺少与家长之间的民主与平等。比如，经常请家长帮忙布置环境，请家长带各种物品，外出活动请家长备车、照顾孩子等。家长提供帮助与支持固然重要，但是家长毕竟不是专职教育者，如果事事要求家长配合、处处寻求家长帮助，必然会加重家长的负担。长此以往，势必会减弱家长的积极性与主动性，还有可能使家长产

生误解，怀疑保教人员是否将自己的工作转嫁给家长。所以，在家长资源的开发与利用中，保教人员需要掌握好“度”。

案例分享

一位保教人员的态度变化

魏老师是一名小班的保教人员，刚参加工作时，无法理解为什么有的家长总是不参加亲子活动，布置的亲子手工作业也交不上来。遇到幼儿出现不良行为时，总是想：为什么这个孩子的家长就不管他呢，这应该是家长的责任啊，为什么要让老师管呢？

有了自己的孩子以后，魏老师的想法渐渐发生了变化，她坦言：“这两年我对很多问题变得敏感了，和家长交流时我会想到如果是我的孩子，我会是什么心情，然后再说话时语气就会缓和很多，因为我现在真正体会到了为人父母意味着什么。”

（三）与家长平等对话、真诚沟通、相互支持

1. 尊重家长，理解家长，为家长着想

一个班级中，家长众多，形形色色，从父辈到祖辈，大部分家长是非常尊重和体谅保教人员的。但也有家长会提出无理的要求或者做出不理智的事情，这时就需要保教人员冷静地处理问题，理解家长，进而一起解决问题。无论家长的态度如何、教育方法如何、处事方式如何，他们的最终目的都是一样的，就是让自己的孩子发展得更好。因此，保教人员要理解家长“望子成龙”“望女成凤”的心态，也要对家长的教育观念、教育方法、教育态度表示理解，进而提出自己的观点和想法，与家长一起交流分享，切不可以高姿态对家长指手画脚、趾高气扬，也不能爱理不理、草草敷衍。

2. 主动联系，协调合作，对幼儿负责

保教人员要主动与家长联系，特别是发现孩子身上有比较大的进步时或者在出现问题的前期，要第一时间与家长联系，及时进行家园沟通，以便双方全面了解幼儿，在关键时刻给予幼儿积极的影响和教育。

在与家长沟通时，要全面、真实、客观地说明情况，不可一味地批评、

指责或告状，也不可夸大事实，进行不切实际的表扬，这样才是对幼儿负责的表现。因此，保教人员平时要做一个有心人，关注到每个幼儿的点点滴滴，适时地与家长交流，使家长感受到保教人员对自己孩子的关心。

案例分享

家长的误会

班里有个叫李慧的小朋友，性格较内向，平时沉默寡言，在老师眼里属于那种听话、守纪律的孩子，但也正因为这种个性，才使得她妈妈与老师之间产生了一次小小的误会。

一天，老师带孩子们户外活动，因室内温度稍高，老师要求孩子们把过厚的衣服脱掉，而李慧的上衣不太厚她又不愿意脱，老师就随她了。正当老师在外面和孩子们玩得尽兴时，李慧的妈妈来接她了。老师没顾上和李慧妈妈说话，只向她招了招手。李慧妈妈把孩子接回活动室后对孩子说："你们老师真不像话，这么热的天也不给你脱件衣服。"孩子一句话也没回答。

第二天，老师主动找李慧妈妈聊天，把昨天的事讲给她听。李慧的妈妈听完解释后宽慰地笑了。

误会就这样轻松地化解了。每当有这种情况发生时，保教人员应主动与家长进行交流和沟通，认真细致地做好家园联系工作。

3. 协助家长，家园配合，为家庭教育服务

随着幼儿园教育工作的转型与发展，幼儿园发挥教育作用的直接对象由幼儿扩展到家长、家庭，家长教育、家庭教育也纳入了家长工作的范畴。保教人员有责任、有义务对幼儿家长提供家庭教育指导，提升家长的家庭教育水平。

保教人员要重视并且有义务向家长传播科学的育儿知识，为家长提供学习育儿知识的平台，增加家长之间、家长与保教人员之间的交流机会，促进家庭教育的科学化、专业化，使家长在先进教育思想的引导下，以合适的方式配合保教人员的学校教育。

如果保教人员不做好家长的家庭教育工作，仅仅把教育放在幼儿园中，

那么，学校教育不会取得理想的效果，保教人员的努力也可能得不到家长的理解与支持，反而会遭到家长的质疑与反对。这样，家园双方不但不能同舟共济，还有可能相互猜忌。所以，协助家长做好家庭教育，是家园配合、促进幼儿良好发展的奠基石。

资料链接

与家长沟通的小窍门

（1）多向家长介绍孩子的优点，再委婉地提出可以改进的地方。

（2）以换位思考的方式与家长沟通，先表示对家长的理解。

（3）沟通方式多样化，短信、微信、微博、QQ、电话等方式均可，但要注意自身形象的展示，比如签名、上传的照片等。

（4）与家长沟通随机但不随意。

（5）遇到特殊事件，及时、坦诚地与家长沟通，勇于承担责任。

（6）多使用文明用语，与家长说话要客气，比如“您、谢谢、对不起、请”。

（7）与家长沟通时，不使用“你应该”“你必须”“你得……”这种命令性词语，而应该用“我觉得”“您认为这样怎样”等委婉、协商的词语。

（8）不能忽略与“乖”孩子家长的沟通，保教人员的教育对象不是只有“不乖”的孩子。

（9）要主动联系家长，家长不主动联系保教人员不代表家长不想了解孩子的在园情况，也许家长只是怕麻烦老师。

（10）每周与家长沟通，说一说这一周孩子在园都做了些什么、获得了哪些经验等，这比家长从孩子处了解更有效，也更能使家长支持、认可保教人员的理念与方式，更愿意配合保教人员来开展相应的教育活动。

（11）从为孩子着想的角度而不是便于自己管理的角度与家长沟通、提出要求，家长更容易接受，比如“您的孩子最近经常迟到，我担心他的运动时间会不足，所以方便的话请准时来园，好吗？”

第四节　教育评价中的职业道德实践

案例导入

何老师班上的小龙，经常迟到、旷课、不完成作业，有时还欺负同学。在多次批评教育无效后，何老师决定到他家去一趟，向他父母“告状”。到小龙家时，何老师惊奇地发现他正在做家务。见到何老师，小龙吃了一惊，但还是喊了一声“老师好”，然后跑回房里。同小龙父母交谈后，何老师了解到小龙家庭贫困，父母每天早出晚归，疏于教导，让孩子养成了一些坏习惯。但这孩子在家还挺懂事，也能帮忙干活。于是，何老师把本来“告状”的话收了回来。第二天，何老师在班上表扬了小龙懂礼貌，见到老师主动问好，在家能做家务，希望同学们能向小龙学习。接下来，何老师安排他负责班级卫生工作，并对他的尽职尽责及时予以表扬。没过多久，小龙在课堂上认真多了，同学关系也融洽了，还成了老师的得力助手。

问题：何老师对小龙评价的转变体现了什么样的保教人员职业道德？

知识准备

一、教育评价与教育评价的方式

教育评价

教育评价作为教育活动的一个重要组成部分，是以教育目标为依据，运用有效的评价技术和手段，对教育活动的过程和结果进行测定、分析、比较，并给予价值判断的过程，其基本原则是注重客观性原则、理论联系实际原则、发展性原则和联系性原则。教育评价活动作为一种教育活动的直接结果是鉴别、评判教育活动的优劣，进而对教育活动起到导向作用。

教育评价是教育活动中的一种价值判断活动，对幼儿发展的评价“是为了了解幼儿的发展需要，以便提供更加适宜的帮助和指导”。要重视全面、客观了解和评估每个孩子的发展状况及其特点，防止片面性，尤其要避免只注重知识和技能，忽略情感、社会性和实际能力的倾向。

评价的方法多种多样，主要有日常的行为观察、作品分析、谈话、成长档案、家园联合问卷、正式的阶段性测评等。评价内容、形式的多元化意味着评价标准的多元化。《幼儿园教育指导纲要（试行）》指出，评价要考察“教育内容、要求能否兼顾群体需要和个体差异”。因此，多元化使得评价从单一走向多维、从静止走向动态。

二、教育评价中的职业道德

（一）以评价促发展，而非为了评价去评价

观察记录、评价分析确实是保教人员了解幼儿的有效工具，但如果保教人员只是为了应付幼儿园检查，而不是真正地去运用，或者不知该怎么运用，也就不能很好地了解幼儿的发展水平，进而指导自己的教学行为。教育评价本身不应仅是教育教学的阶段终点，更应该是起点。对这一阶段幼儿发展的情况作总结，一方面帮助保教人员了解班级幼儿的情况，以及让家长了解自己孩子在各方面的发展水平；另一方面也为保教人员制订下学期的课程计划提供了依据。但实践中往往将评价结果作为衡量教育效果和幼儿发展水平的静态标准，把它作为一名幼儿的标签，而课程的设计实际上也是较难改动的，因为大纲、课程标准，以及幼儿园保留下来的传统教学计划甚至教案是既定的。如果保教人员不能充分参考教育评价的结果来灵活地设计自己班级的课程，就很容易导致教育评价成为教育的终点，而未成为下一阶段教育的起点。评价也就失去了幼儿与课程之间的桥梁作用。

《幼儿园教师专业标准（试行）》要求保教人员“有效运用评价结果，指导下一步教育活动的开展”。所以，以促发展为目的的评价不是为了完成某种教学任务的终结性活动，它应该与教学发生持续的相互作用、相互推动。评价既辅助着教学，又贯穿在教学活动的每一个环节甚至在生活中；而教学又要敏感地抓住从评价中获得的信息加以适当的反馈和调整。因此便有了“生成课程”“班本化课程”等以班级幼儿发展水平为依据的、体现评价与教学互动互促的课程。

（二）日常评价中要注意评价内容、形式、语气与态度

1. 日常随机的评价要实事求是、明确具体

日常生活中，幼儿的一举一动都是保教人员的评价对象。在评价中，保教人员必须根据幼儿的实际表现进行实事求是的评价，而不是虚假的、泛泛的、夸大的。同时，评价的内容要明确具体，具有针对性，不但要让幼儿知道自己的对错，还要让幼儿知道对在哪儿、错在哪儿、要怎样改进。

案例分享

不要轻易“贴标签”

小娟小时候非常调皮、好动，上课不专心，李老师对她很有“气”。李老师对幼儿进行入小学前教育，在鼓励小朋友们上小学后要好好学习，遵守纪律，看谁先戴上红领巾的同时，很生气地对小娟说：“像你这样，什么都不会，又不遵守纪律，上小学也戴不上红领巾！”

有些保教人员像上面的李老师一样喜欢夸大孩子的缺点、过失，给孩子下“死结论”或“贴标签”，如“你总是……”“你将来一定……”“你从来……”“你每次都……”“你从来没有……”等，这些“死结论”往往会挫伤幼儿的自信心、自尊心，容易让孩子自暴自弃，有的甚至会成为幼儿今后成长的一个心理负担。

2. 评价用语积极正面、态度真诚

在评价时，保教人员要多使用鼓励性、赞许性、支持性的话语，尽量避免使用否定性的、批评性的语言和语气。尽量是和幼儿自身作比较，就事论事，不要在集体面前对单个幼儿进行批评。要根据不同幼儿的个体差异性选择适合他们的评价方式。保教人员要用自己的包容心和积极的情绪情感去感染幼儿，给每个幼儿以尊重与信任，从而使幼儿形成积极健康的自我意识。

评价用语

案例分享

黑色的画

凡凡拿着自己的画走到刘老师面前，眼神里充满了渴望。可是刘老师因为在忙别的事，只看了一眼，脱口而出："呀，这是画的什么呀，黑乎乎的，什么也看不出来！"说完又去忙别的事了。凡凡满脸通红，整个人都没精神了。

刘老师忙完了手里的活，观察到凡凡无精打采的状态，就问他怎么了。凡凡低着头，小声地说："老师，我画的是晚上，所以是黑的。"刘老师这才回想起自己刚才对凡凡的画评价得太随意了，没想到对这个幼小的孩子造成了那么大的影响。刘老师感到十分愧疚，赶紧说："哦，天黑了，所以老师刚才根本没看清，再让老师看看好吗？"凡凡拿出画，刘老师认真地看着，说："呀，这么黑的天，你都敢画出来，真是个勇敢的小朋友……"

知识检测

山村特殊孩子的引路人

一、单选题

1.在处理与同事之间的关系时，幼儿教师应作出的正确选择是（　　）。

A.不要竞争，只谈合作　　B.耐心教导，循循善诱

C.顾全大局，秉公办事　　D.相互尊重，团结协作

2.幼儿教师与幼儿沟通时，下列做法不正确的是（　　）。

A.蹲下去与幼儿平等对话　　B.注意倾听幼儿的心声

C.以微笑、抚摸来鼓励幼儿　　D.使用专业化语言

3.语言活动中，吴老师发现凯凯正在拔前面一个女孩外衣上的绒毛。此时，吴老师恰当的做法是（　　）。

A.停止教学，点名批评　　B.停止教学，让其罚站

C.继续教学，微笑提醒　　D.继续教学，置之不理

4.随着幼儿自主意识的增强，很多家长感到在家庭教育中力不从心，

幼儿教师应该（　　）。

A.督促家长，让家长成为自己的助教

B.尊重家长，树立家长的威信，从而一起做好教育

C.忽视家长的教育作用，只要学校教育就可以了

D.批评幼儿，让幼儿一定要听家长的话

5.“丢手绢”的游戏结束了，张老师正准备带领小朋友们回教室，晓珺突然走到张老师面前，低声说：“老师，还没有轮到我丢手绢呢。”此时，张老师恰当的回应是（　　）。

A.“难道还让我叫小朋友们再来陪你玩一次？”

B.“待会儿我们再去玩更有趣的游戏吧！”

C.“小朋友们先等着，我带晓珺去玩。”

D.“下次再玩吧，谁让你运气这么差！”

二、材料分析题

小班欣欣今天第一天入园，由妈妈领进幼儿园，一路哭个不停。胡老师牵过欣欣的手，蹲下来拥抱她，轻轻擦干她脸上的泪水，安慰着：“宝贝，快别哭！老师爱你哦！跟妈妈说再见，好吗？”

早饭时，欣欣拿不稳勺子，吃一口包子就含在嘴里不咀嚼也不咽，吃得非常慢。喝牛奶时，她用舌头舔着喝，到早餐结束也没喝完。于是，胡老师耐心地喂她吃早餐。离园时，胡老师跟欣欣妈妈进行了交流，了解到欣欣体弱多病，家长因担心孩子吃不饱，怕孩子弄脏衣服，在家中很少让欣欣自己吃饭，喝水也一直用奶瓶。

从第二天开始，胡老师耐心教欣欣正确的握勺方法，告诉她吃饭时嘴里不要含饭玩耍，两侧牙齿要同时咀嚼，并给欣欣示范如何用杯子喝水。

胡老师还为家长推荐家庭教育方面的书，建议家长在家里锻炼欣欣自己吃饭、喝水。经过一个多月的努力，欣欣能愉快地像别的幼儿一样正常进餐，入园焦虑也逐渐消失。

问题：从教师职业道德的角度，评析胡老师的教育行为是否正确。

实践活动

撰写家长会设计方案

[活动目的]

帮助学生深入了解开幼儿园家长会需要准备的内容，培养学生的创造能力。

[活动过程]

假如你是一名小班幼儿园教师，班级要在开学时召开一次家长会，这次家长会是家长在孩子进入幼儿园之后参加的第一次家长会。这次家长会由你负责，你打算如何组织这次家长会？请写出设计方案，需涵盖以下内容：

（1）家长会的时间、地点、人物、主题等。

（2）家长会的具体流程和环节。

（3）需要重点向家长介绍的情况。

（4）设计的理由。

（5）家长会上使用的演示文稿（PPT）。

[活动总结]

你在制订方案的过程中有哪些收获？遇到了哪些问题？你是怎么解决这些问题的？

参考文献

陈惠津，范士龙. 教师职业道德与教育法规[M]. 武汉：华中师范大学出版社，2018.

陈明华，黄旖旎，张妍. 保教知识与能力：幼儿园[M]. 镇江：江苏大学出版社，2017.

杜芳，贾艳艳，杜静静. 用心点亮爱的火焰：浅谈学前教育管理和实践经验[M]. 北京：九州出版社，2020.

季一萌，张小红，梁运峰. 幼儿教师职业道德[M]. 镇江：江苏大学出版社，2016.

刘济良. 幼儿教师职业道德[M]. 2版. 上海：复旦大学出版社，2018.

刘艳. 幼儿教师职业道德[M]. 大连：辽宁师范大学出版社，2021.

马焕灵. 幼儿教育政策与法规[M]. 长春：东北师范大学出版社，2020.

山香教师招聘考试命题研究中心. 教师招聘考试专用教材：教育理论基础[M]. 北京：首都师范大学出版社，2018.

宋丽博，刘翠萍，李长伟. 学前教育政策法规[M]. 北京：航空工业出版社，2018.

苏艳霞. 教育政策与法规[M]. 北京：北京师范大学出版社，2016.

童宪明. 幼儿教师职业道德[M]. 芜湖：安徽师范大学出版社，2018.

王丽荣，李婷婷，綦越. 幼儿教师职业道德[M]. 2版. 长春：东北师范大学出版社，2019.

王亚辉，卢云峰，王海燕. 学前教育政策法规[M]. 北京：北京理工大学出版社，2019.

王玉华. 解读与应用：学前教育政策法规[M]. 东营：中国石油大学出版社，2020.

文进荣. 基于专业发展的教师职业道德构建[M]. 北京：中国书籍出版社，2021.

杨莉君，李洋. 学前教育政策法规[M]. 长沙：湖南大学出版社，2015.

占莉萍，宋振海. 教师职业道德[M]. 北京：航空工业出版社，2021.

张海丽，刘海燕，魏冉冉. 幼儿教师职业道德[M]. 2版. 北京：清华大学出版社，2021.

郑忠平. 幼儿教师职前师德教育研究[M]. 北京：北京理工大学出版社，2019.

左志宏. 幼儿园教师职业道德[M]. 2版. 北京：北京师范大学出版社，2020.